［英］安娜·玛丽·鲁斯 著
ANNA MARIE ROOS

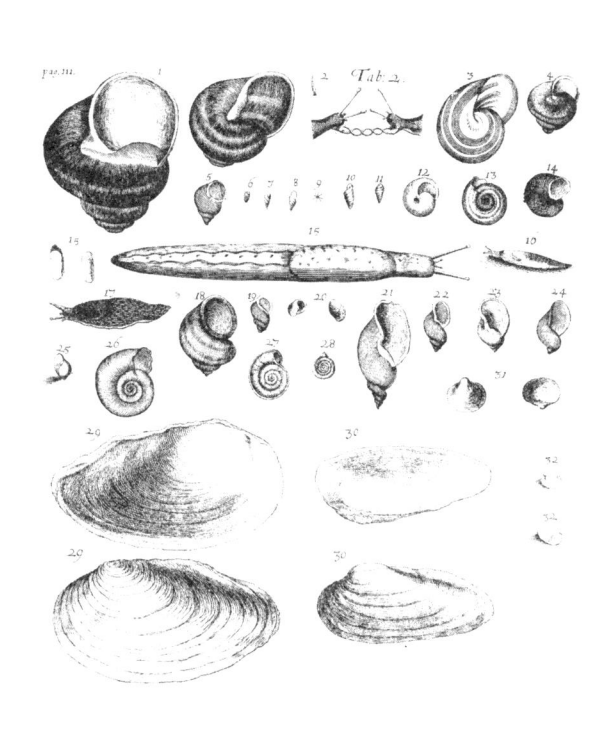

郑雅丽 译

博物传奇

马丁·李斯特和他杰出的女儿

Martin Lister and His
Remarkable Daughters

北京时代华文书局

图书在版编目（CIP）数据

博物传奇 / (英) 安娜·玛丽·鲁斯著；郑雅丽译 . -- 北京：北京时代华文书局，2024.1
书名原文：Martin Lister and His Remarkable Daughters
ISBN 978-7-5699-5364-0

Ⅰ.①博… Ⅱ.①安…②郑… Ⅲ.①马丁·李斯特—传记 Ⅳ.①K835.616.1

中国国家版本馆 CIP 数据核字 (2024) 第 023079 号

Martin Lister and His Remarkable Daughters
by Anna Marie Roos
Text © Anna Marie Roos, 2018
Images © Bodleian Library, University of Oxford, 2018
Original English edition published by the Bodleian Library 2018
All rights reserved
Chinese (in simplified character only) translation copyright © 2024 by Beijing Time-Chinese Publishing House Co., Ltd.
Chinese (in simplified character only) translation rights arranged with
The Bodleian Library through Peony Literary Agency Limited

北京市版权局著作权合同登记号 图字：01-2019-3263

BOWU CHUANQI

出 版 人：陈　涛
策划编辑：周　磊
责任编辑：周　磊
责任校对：薛　治
装帧设计：程　慧　王艾迪
责任印制：訾　敬

出版发行：北京时代华文书局 http://www.bjsdsj.com.cn
　　　　　北京市东城区安定门外大街 138 号皇城国际大厦 A 座 8 层
　　　　　邮编：100011　电话：010-64263661　64261528

印　　刷：三河市嘉科万达彩色印刷有限公司
开　　本：710 mm×1000 mm　1/16　　成品尺寸：170 mm×240 mm
印　　张：11.75　　　　　　　　　　　字　　数：177 千字
版　　次：2024 年 1 月第 1 版　　　　印　　次：2024 年 1 月第 1 次印刷
定　　价：68.00 元

版权所有，侵权必究
本书如有印刷、装订等质量问题，本社负责调换，电话：010-64267955。

致谢

本书能够顺利完成，离不开各位同事、朋友和学会对我的热情帮助。

这本书为牛津大学历史系"知识文化项目"的成果之一。在牛津大学，我非常有幸与菲利普·比利、詹姆斯·布朗、苏·伯吉斯、彼得罗·科西、大卫·克拉姆、彼得·哈里森、卡特琳娜·赫尼奇科娃、霍华德·霍特森、尼尔·杰弗里、罗德里·刘易斯、诺埃尔·马尔科姆、金·麦克莱恩-费安德、理查德·奥文登、利·彭曼、迈克尔·波帕姆、威廉·普尔、理查德·夏普，还有凯尔西·杰克逊·威廉一起工作。在这里，我要特别感谢米兰达·刘易斯对我的鼓励，一路走来，是她让我坚持完成了这本书。

在英国林肯大学工作期间，我也非常幸运能够与一群活泼可爱的同事共事，他们一直耐心而友善地待我，让我不胜感激。

在撰写此书的过程中，牛津大学向我提供的帮助是至关重要的。牛津大学博德利图书馆中藏有大量记载着李斯特家族史的资料；特藏部的图书管理员兢兢业业，他们总是不厌其烦地答应我在特藏部查阅资料的请求。克莱夫·赫斯特、亚历山德拉·富兰克林、科林·哈里斯，还有布鲁斯·巴克-本菲尔德向我提供了几份手稿的出处；理查德·欧文登一直热心帮助我为本书寻找合适的配图；博德利图书馆出版部的塞缪尔·范诺思、多特·利特尔、珍妮特·菲利普斯和利安达·施林普顿让本书的出版工作充满了乐趣。

英国皇家学会对本书的出版工作给予了极大支持，赠予我"科学史"项目资金以推动本书顺利出版。我还要特别感谢英国皇家学会的图书管理员基思·穆尔，他是一个很奇妙的人，总是能在我过于严肃的时候把我逗乐。鲁珀特·贝克也是一位非常热心的朋友。

在撰写本书过程中，我还得到了众多同事和朋友的鼓励，包括吉姆·班尼特、蒂姆·伯克黑德、简·布罗克特、海伦·拜纳姆、比尔·拜纳姆、杰夫·卡尔、普拉蒂克·查拉巴蒂、伊莎贝尔·沙曼蒂、贝琳达·克拉克、朱莉·戴维斯、詹姆斯·戴尔布戈、斯文·杜普雷、福罗瑞克·艾格蒙德、帕特丽夏·法拉、莫迪凯·范戈尔德、罗伯特·福克斯、亚历克斯·富兰克林、乌塔·弗里斯、萨莉安妮·吉尔克里斯、赖纳·哥德尔、安妮·戈德加、安妮塔·圭里尼、乔·汉德森、费莉希蒂·亨德森、迈克尔·亨特、罗布·艾利夫、查理·贾维斯、迈克·朱伊思、桃乐茜·约翰斯顿、埃里克·约林克、玛丽卡·克布卢塞克、九川幸子、薇拉·凯勒、伊莱恩·梁、卡琳·雷昂哈德、德米特里·列维京、亚瑟·麦格雷戈、斯科特·曼德尔布罗特、吉迪恩·曼宁、布莱恩·奥格尔维、南希·帕特里克、玛格丽特·佩林、理查德·塞耶伦森、萨利·希尔德、安娜·西蒙斯、萨利·沙特尔沃思、夏洛蒂·斯莱、丽萨·史密斯、保罗·史密斯、安克·蒂默曼、本杰明·沃德豪、凯西·韦、查尔斯·韦伯斯特、西蒙·韦勒特、凯西·威尔逊、玛丽安·威尔逊、杰里米·伍德利和贝丝·耶鲁。

我与安德鲁·布拉姆雷、露丝·布拉姆雷、约瑟夫·布拉姆雷、琼·本顿、洛丽·劳施、萨利·希尔德、尼尔·斯托奇、康妮·雅各比还有玛丽·崔恩结交，成为忠诚且真挚的朋友。在撰写本书过程中，我一直以来非常敬仰的丽莎·贾丁过世了，我抑制不住地想念她，并被她慷慨的精神深深地鼓舞着。

最后，我还想要感谢一个人，那就是我的丈夫伊恩·本顿。一直以来，他都以沉着冷静的心态陪伴在我身边，无论是当我陷入了研究学术问题导致的焦虑之中还是在写作过程中遇到困难之时，也无论是电脑出了问题还是我生了病，或者是我为了写作把家里的咖啡喝光了，他都一直守在我身边。谢谢你，你这个既顽固又可爱的林肯郡人。

安娜·玛丽·鲁斯

——

艺术是对未知世界的挑战，也是对人类生命意义的探索。你若想要挑战或是探索，可以向别人讲述一个故事，或是描述乔托·迪·邦多纳的壁画，抑或是研究一只蜗牛如何在墙面上爬行。

约翰·彼得·伯杰

——

我把一箱书作为礼物寄给了博物馆……如果可以，我非常希望我的身体能够有所好转，但是战争阻隔了我们之间所有的联系，因此我希望他们能够接受我所有的藏品。

六卷图集，

三本关于学术研究的法语书，

我的孩子们绘制的一本画册……

马丁·李斯特于1693年10月18日写给爱德华·卢维德的信

目 录

引言 / 1

第一章
马丁·李斯特：天生的科学家

一位博物学家的诞生 / 18

博物学家的成长之路 / 24

法国情缘 / 30

在海上 / 36

在蒙彼利埃学医：过去和现在 / 39

导师约翰·雷 / 45

从蒙彼利埃返回 / 50

爱情的科学 / 60

马丁·李斯特在约克郡 / 62

执业医师 / 67

在约克的博物研究 / 72

贝类学的诞生 / 79

第二章

贝壳的游戏

朋友的礼物 / 90

来自殖民地的贝壳与奴隶制 / 94

威廉·库廷的热爱 / 101

绘制博物学插图 / 109

艺术与家庭 / 116

李斯特姐妹的画作 / 123

李斯特的版画 / 140

第三章

李斯特家族的遗产

威廉·哈德斯福德：拯救者 / 160

马丁·李斯特的工作记录 / 167

家族遗产 / 173

引言

马丁·李斯特（1639—1712）是一位英国博物学家和医学家。17世纪60年代，李斯特曾在法国南部的蒙彼利埃学医。这位善良的医生常年遭受慢性哮喘的折磨，病情非常严重，因此李斯特每年定期乘船到欧洲大陆调养身体，让自己暂时远离繁忙的医疗工作和家里日渐繁重的事务。1681年7月17日，李斯特从英国约克出发到法国休养，他离开了正在家中悉心照料孩子的妻子，开启了自己的旅程。在旅途中，他给妻子哈娜·李斯特写了几封信。与此同时，他还是一位狂热的亲法派，他亲手撰写了一本巴黎旅行指南，不仅向读者推荐了当地的奇观异景和美酒佳酿，还就英、法生活习惯上的差异给出了自己独到的见解。这本畅销的旅行指南在接下来三个世纪中，分别以英语和法语再版，主要面向有着跨文化体验的读者。

他在给妻子的信中曾提到，希望妻子在他离开的这段时间里能"好好照顾自己和孩子，保持心情愉悦"。马丁·李斯特向妻子解释道，他此次出行是为了暂时从繁忙的工作中解脱出来，缓解精神压力，以此调养身体和放松心情。然而，只能和孩子相互依靠的哈娜·李斯特却无法做到这般"乐观"。李斯特在信中继续写道："亲爱的，我真'佩服'你这么狠心，一封信都没给我写过。这已经是我给你的第四封信了，我才刚刚旅行两个星期而已。"马丁·李斯特在信中还向妻子承诺他将在8月底回家，请求她不要让距离和时间将他们两人分开，并承诺他会在回家的时候从法国带些礼物。

不过李斯特至少可以安慰自己，他在旅行过程中有一

AN ACCOUNT
OF
PARIS,
AT THE
CLOSE OF THE SEVENTEENTH CENTURY:

RELATING TO THE

BUILDINGS OF THAT CITY, ITS LIBRARIES, GARDENS, NATURAL AND ARTIFICIAL CURIOSITIES, THE MANNERS AND CUSTOMS OF THE PEOPLE, THEIR ARTS, MANUFACTURES, &c.

BY MARTIN LISTER, M. D.

NOW REVISED,

WITH COPIOUS BIOGRAPHICAL, HISTORICAL, AND LITERARY ILLUSTRATIONS AND ANECDOTES,

AND

A SKETCH OF THE LIFE OF THE AUTHOR,

BY GEORGE HENNING, M.D.

Obscurata diu populo bonus eruet, atque
Proferet in lucem speciosa vocabula rerum,
Quæ priscis memorata Catonibus atque Cethegis,
Nunc situs informis premit et deserta vetustas,
Luxuriantia compescet: nimis aspera sano
Levabit cultu, virtute carentia tollet.
Hor. L. 2. Ep. 2. v. 115.

SHAFTESBURY :
PRINTED AND PUBLISHED BY J. RUTTER;
ALSO PUBLISHED IN LONDON
BY LONGMAN AND CO, PATERNOSTER-ROW; YOUNG AND CO.
TAVISTOCK STREET, AND UNDERWOOD, FLEET STREET.

马丁·李斯特所著《巴黎之旅》的扉页，此书由乔治·亨宁于1823年再版。马丁·李斯特的旅行指南共计有10个版本群美好的人同行。其中有他最喜欢的姐姐简·阿灵顿和来自利兹的古董收藏家、地质学家、英国皇家学会会员托马斯·柯克的妻子罗莎曼德·柯克。除此之外，还有弗朗西斯·普莱斯，他是一位版画家、地形绘图员和陶艺家。马丁·李斯特和弗朗西斯·普莱斯都是约克古董收藏家协会的成员，这是由一群志趣相投的博物学家（用现在的话说是科学家）、古玩家、艺术家、发明家和作家组成的非正式团体。他们会定期在马丁·李斯特家附近的一所公寓里聚会，这所公寓坐落在麦考大街上，它的主人是一位名叫亨利·盖尔斯的玻璃画家。盖尔斯因为在牛津大学和剑桥大学的学院的教堂玻璃上绘画而闻名，他绘制了关于巨石阵的首批画作之一。

马丁·李斯特

在这次旅途中，马丁·李斯特向大家展示了多个科学实验，这也让他获得了"（研究）蜘蛛第一人"的称号。他不仅是第一位蜘蛛学家，也是研究英国蜘蛛品种的第一人，他根据蜘蛛网的类型对蜘蛛分类。在早期的显微镜和手持透镜的帮助下，马丁·李斯特可以清晰地观察蜘蛛，并把它们的毛发烧光，以便轻松地数清蜘蛛眼睛的数量。他发现，有两只眼睛的蜘蛛从来不会吐丝，一些体形相对较小的蜘蛛会向空中发射蛛丝形成类似气球的结构，飘到几百千米以外的地方觅食。

由于马丁·李斯特丰厚的研究成果，他和托马斯·柯克一样成为英国皇家学会会员。他共撰写60余篇论文并完成14本书，且书籍内容涉猎广泛，包括考

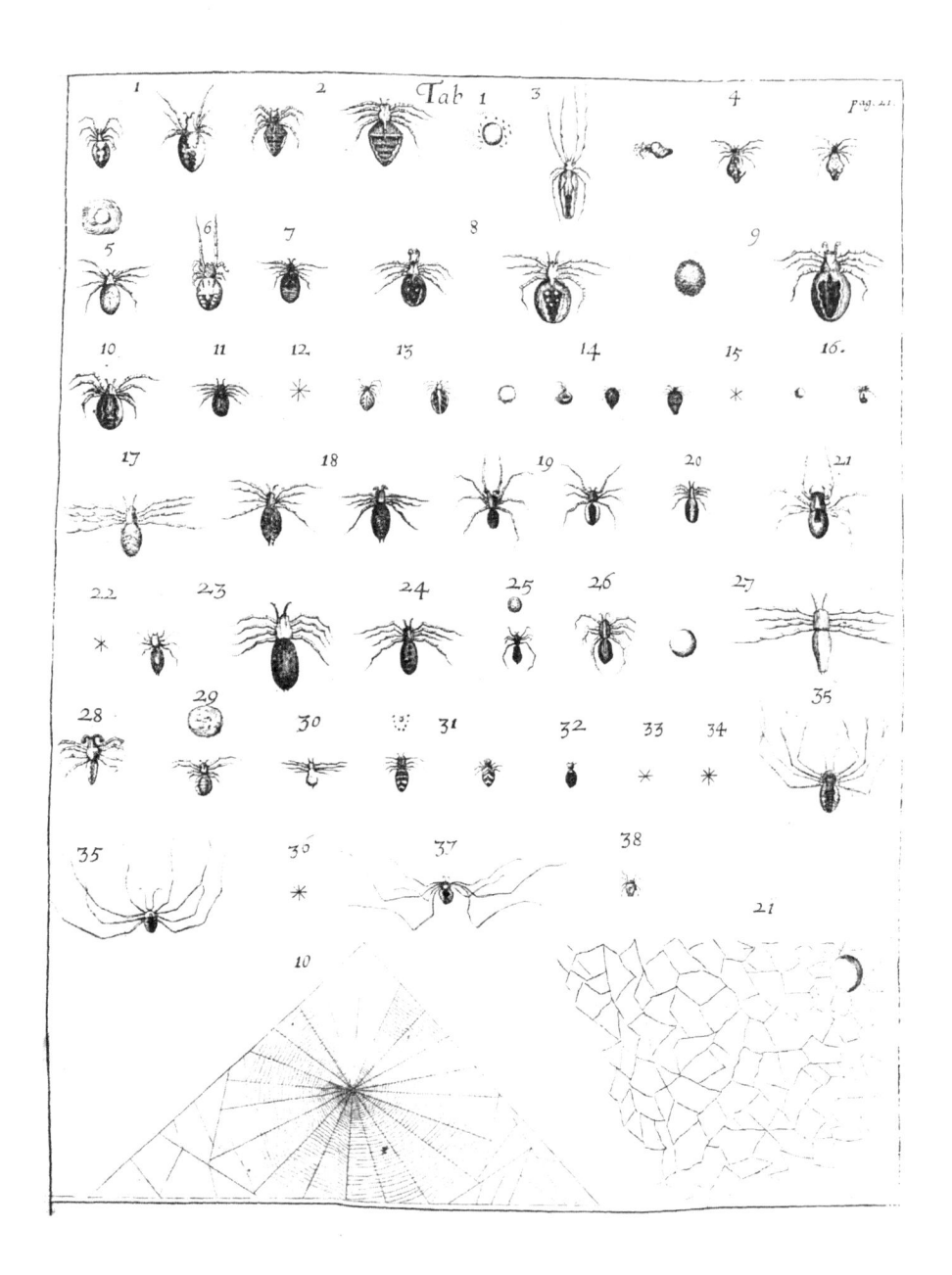

马丁·李斯特的《动物史》（伦敦：约翰·马丁出版社，1678）里关于蜘蛛的插图。这也是第一幅描绘英国蜘蛛的插图

古学、罗马美食烹饪、化石形成机制等。此外，他还对矿泉水中的化学物质进行了研究。在1683—1687年，马丁·李斯特担任英国皇家学会副会长，每当会长塞缪尔·佩皮斯出差时，马丁·李斯特就会负责主持会议。在任职期间，他曾资助杰出的博物学家约翰·雷（1627—1705）出版有关昆虫和鸟类的书籍，这些书能够教会人们辨别不同的物种。除此之外，他通过出版社组织的委员会见证了约翰·雷和弗朗西斯·威洛比[1]（1635—1672）于1686年共同完成的《鱼类史》一书的出版。这本书以奢侈的对开本形式出版，是第一本关于鱼类的科研著作。同时，马丁·李斯特全程指导《鱼类史》的插图绘制工作，这些插图由艺术家和铜版雕刻家组成的团队完成。但是，这本书高昂的成本让英国皇家学会濒临破产，以至于英国皇家学会几乎无法承担艾萨克·牛顿的《自然哲学的数学原理》一书的出版费用。这本书介绍了非常经典的万有引力三大定律。尽管现在的人们对早期英国皇家学会的物理学家印象更加深刻，比如牛顿和罗伯特·波义耳，但在17世纪，博物学被人们认为是科学研究的重心并且被优先对待。除此之外，马丁·李斯特还赞助了爱德华·卢维德（1660—1709）关于化石的研究工作，并亲自设计了专门摆放化石藏品的陈列柜，他把它们放置于有着"贮藏库"之称的英国皇家学会博物馆中。马丁·李斯特曾向英国首任皇家天文学家约翰·弗拉姆斯蒂德（1646—1719）提供了关于星表雕刻的建议。他还提出了一种观测大气压力的新方法，并通过实践这种方法绘制了世界上第一幅直方图。后来，马丁·李斯特有了非常辉煌的事业，他搬去了伦敦并成为安妮女王的御医，他的住所离威斯敏斯特教堂非常近。除此之外，他在埃普索姆还有一栋时尚而漂亮的住宅。

然而，这一切对当时还在给哈娜·李斯特写信的马丁·李斯特来说，只是

---

[1] 弗朗西斯·威洛比是英国鸟类学家和鱼类学家。

弗朗西斯·威洛比和约翰·雷的《鱼类史》的扉页

将来要发生的事情。他在信中对哈娜·李斯特嘱咐道：

> 我向家里寄了一盒油画棒，是给苏珊和南希涂画用的。包裹里还有几支铅笔和用贝壳包装起来的颜料，这些是给她们描绘（limning）用的。我希望你能在我到家之前帮我把它们先收起来，因为我想她们现在还不知道怎么使用这些东西。

"苏珊和南希"是马丁·李斯特两个年纪较大的女儿：苏珊娜·李斯特和安娜·李斯特，那时候她们分别为11岁和9岁。信里面提到的"描绘"一词源于"照亮"（illumination），这是一种中世纪在羊皮纸上绘画的方法。在16世纪，微缩画家尼古拉斯·希利亚德曾在他的《论彩绘的艺术之美》中向人们讲解他的绘画方法：肖像或人像是用水彩画的，而水彩是由精研细磨的颜料和阿拉伯橡胶以适当的比例混合而成的。画家们不是把水彩用在半透明的涂层上，而是用它绘出许多晦暗的图案，再通过点画和交叉排线来呈现出强光和阴影部分。典型的颜料颜色包括朱红色、佛青色、靛蓝色，以及由白铅、铅粉、鹿角制成的颜料的黑色和天然泥土制成的颜料的赭黄色。画师用的画布通常是犊皮纸或布浆纸，犊皮纸是由非常薄的小牛皮或小羊皮制成的。在绘制微型肖像画时，犊皮纸被覆在带有面粉糊的纸牌上，画家用"铅笔"作画，这里说的"铅笔"是装在羽毛笔里的小貂毛或松鼠毛刷。在17世纪，"描绘"这一技巧大多用于绘制纹章盾牌、地图、鸟瞰图、古代绘画大师作品的复制品、微型肖像画和风景画。"描绘"对于当时年轻的女士们来说是一种非常合适的消遣方式，她们只需要静静地坐在椅子上，也不会弄脏衣裳，就能做出一些装饰性的艺术品。不过，这个爱好需要的材料往往价格昂贵。亨利·皮查姆在他的著作《绅士运动》（1612）中指出，"描绘'不像油画那样味道刺鼻'，也不会弄脏贵族们的丝绸衣裳，就算沾上了，水彩的痕迹也很容易被清水洗掉"。

马丁·李斯特在信中曾提到过他给女儿们寄的颜料是用"贝壳"包装起来的，这样做是为了用蚌类的外壳来保持水彩的黏稠度。爱德华·诺盖特在他写的一篇题为《微型艺术》（1627—1628）的论文中曾提议，在每个贝壳中都应尽可能多地装入颜料（用蚌类贝壳或珠母贝来装颜料是非常合适的），再加一点橡胶，用手指搅拌至颜料的黏度或硬度适中（加入太多阿拉伯橡胶可能会使画上的颜料在一段时间后脱落；加入橡胶少了又会使得颜料碎屑多、图画粉质感太重）。

贝壳的存在具有双重意义，因为马丁·李斯特不仅仅是"蜘蛛侠"，他还是"软体动物侠"——贝类学者。在一段时间里，马丁·李斯特完全靠两个十来岁的女儿给他的科学著作绘制插图，包括给他那部具有里程碑意义的作品《贝类史》绘制插图。这部作品在1685—1692年（1692—1697年出版了第2版）被结集成册。这是对贝类学进行的第一次全面论述，全书共有1000多幅马丁·李斯特从世界各地收集到的贝壳和软体动物的版画，还收录了比较解剖学的附录和软体动物的解剖标本。马丁·李斯特和他的女儿通过显微镜看到解剖后的软体动物，从而向读者呈现出详细的图解，这也意味着《贝类史》从此成为贝类学领域的新标杆，在17、18和19世纪得到博物学家和分类学家的广泛认可。

汉斯·隆斯爵士的藏品有很多，构成了大英博物馆的一部分，他将自己在牙买加旅行时候收集的标本借给了马丁·李斯特。托马斯·汤斯是"一位博学多才且思维敏捷的医生"，他于1674年在一家甘蔗园工作，他给马丁·李斯特写信说："我马上就要去巴巴多斯岛了，在那里，我可以满足你对任何稀有事物的好奇心……你有需要的话就告诉我。"托马斯·汤斯在出发前给马丁·李斯特寄了几个包裹，有蜗牛壳、曼陀罗的种子、一只塘鹅或鲣鸟（不知道那是一件标本还是一只活着的鸟）。爱德华·卢维德是牛津大学阿什莫林博物馆的管理员，他曾对马丁·李斯特说："住在霍本尔大桥附近白天鹅旅馆的

Martini Lister,

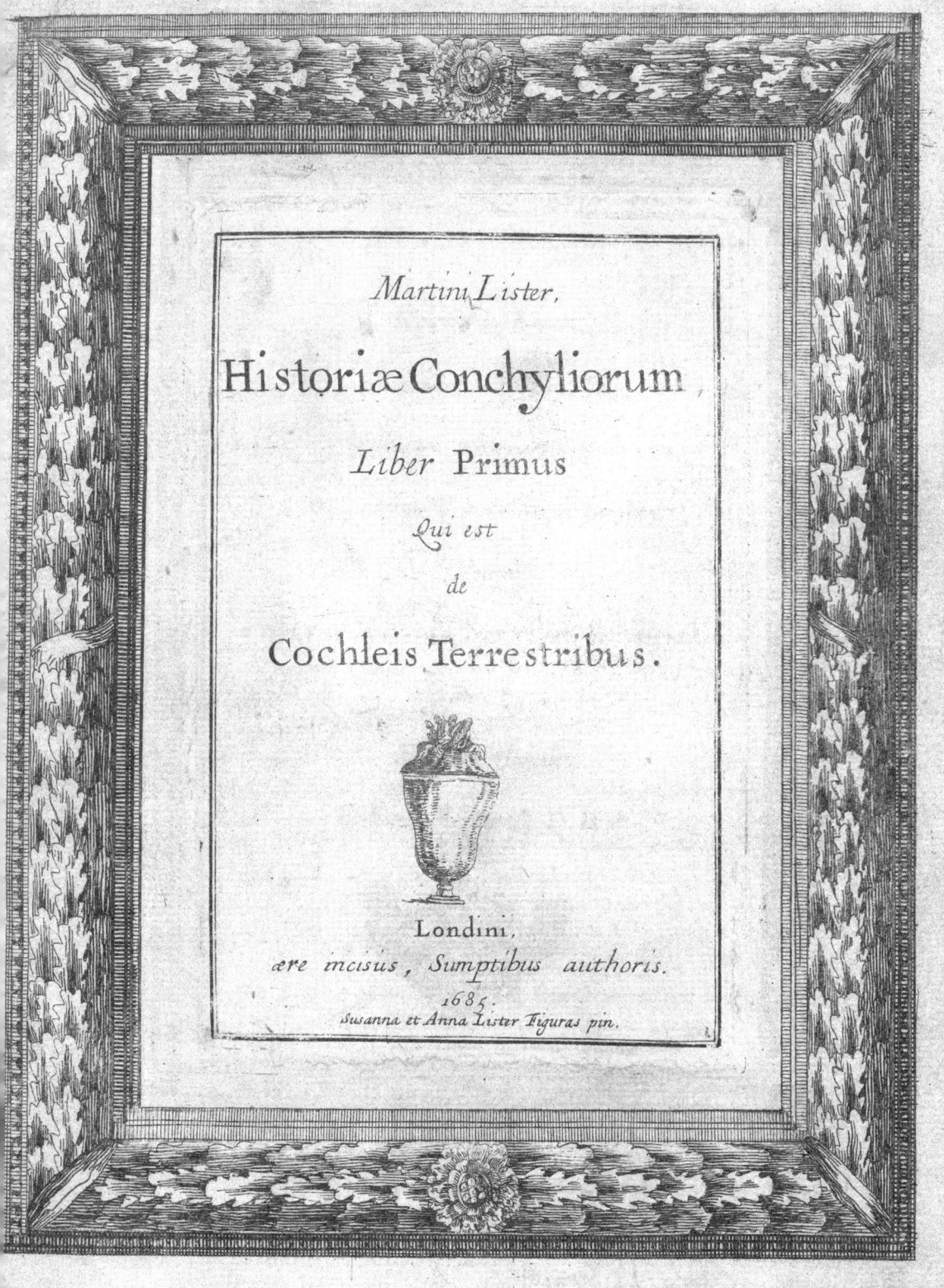

Historiæ Conchyliorum

Liber Primus

Qui est

de

Cochleis Terrestribus.

Londini,
ære incisus, Sumptibus authoris.
1685.
Susanna et Anna Lister Figuras pin.

《贝类史》第一册《论贝壳》的扉页。苏珊娜·李斯特和安娜·李斯特是这些图画的绘画者。装饰边框是在第一次印刷之后再次印上去的

印制装饰边框的铜版

约翰·巴特利特送了我一只小小的篮子，里面有一个包裹装着会令你感到非常好奇的丛林蜗牛。它的贝壳的螺纹旋转方向与一般蜗牛相反，所以我有时会叫它'异螺'。这只蜗牛被放置在潮湿的苔藓下面，因此能够生存下来。"被公认为"英国植物学之父"的约翰·雷和他那位在埃塞克斯当医生的同事塞缪尔·戴尔曾把有关贝类学的笔记与马丁·李斯特的研究做了比较，并就腹足动物的形态、贝壳的形状及栖息地发表了自己的看法，最后他们还送了几种不同形态的腹足动物和贝壳给马丁·李斯特供他鉴定。马丁·李斯特留下的1000多份信件表明，他曾经是"文人共和国"的一员。"文人共和国"的成员交流思想，展示各种各样的标本。这一组织在那时被视作一种想象空间的形式，成员们可以自由地进行书信往来、交流思想。

马丁·李斯特在完成《贝类史》的过程中不仅面临着收集软体动物标本的挑战，还要努力把它们的贝壳的素描图刻在铜版上。在近代早期，科学插图是一种新颖的艺术流派，很少有艺术家能把对经验细节的关注、对物体的精准透视和科学家自身的美学判断结合在一起。插画师秉持还原论者客观化理念的思想，力争将读者的视野聚焦在标本的本质上，而又不失对情境、比例和尺寸的把握。制作版画高昂的成本增加了制作插图的难度，为了节约成本，作者往往需要自己用滚动印刷机印刷版画，这在当时是一种非常昂贵的重型机械。因此，作者通常需要协调两家印刷厂的工作，一家通过手动印刷机印刷文本，另一家用滚动印刷机印刷版画。这样做虽然能节约成本，但是需要校对过后才能装订，而校对又需要第三方完成，出版环节增加可能会导致频繁的错误、失败，以及因为延期带来的损失。

甚至可以说，印刷这样一本书是非常难的。因为博物类图书的出版工作通常要求参与出版的人员具备拉丁文字体和拉丁语的相关知识，对图表和数字的摆放位置也要足够敏锐，但许多印刷厂无法达到这样的要求。博物类图书的市场小且印刷精细图像的成本高，因此很多印刷厂其实并不是很乐意印刷博物类图书。可见，能把博物学知识准确无误地呈现出来可不是一件简单的事情。在英国物理学家罗伯特·胡克和罗伯特·波义耳等权威人士的科学著作中，有一些仪器的插图有非常好的表达效果，比如空气泵和显微镜。这些准确而逼真的插图可以帮助读者进一步理解文字描述的仪器使用方法。但是，这些仅仅是例外，考虑到英国皇家学会当时的情况，无论是藏品还是使用中的仪器都很少配有插图。

但马丁·李斯特是个例外，他以一种新颖的方式完成了为他的书制作插图的工作。他把书交给一个名副其实的"内部印刷厂"，并教他两个十来岁的女儿苏珊娜·李斯特和安娜·李斯特怎么描绘，以及如何蚀刻和雕刻。马丁·李斯特曾明确表示，《贝类史》中的插图的制作成本大约为2000英镑，而这些钱大部分由马丁·李斯特个人承担，这对他来说是一笔不小的开支。书中的插图很可能是在马丁·李斯特住所附近的印刷厂印刷的，他们用马丁·李斯特写信用的薄厚一致的、带有水印的纸来印刷图像，从而成就了他的杰作。等苏珊娜·李斯特和安娜·李斯特成年的时候，她们俩的名字出现在了《贝类史》的扉页上。1712年，马丁·李斯特将印制《贝类史》用到的1000多块铜版赠予牛津大学。18世纪中期，阿什莫林博物馆的管理员威廉·哈德斯福德用那些铜版印制了另一个版本的《贝类史》。但自那以后，任何出版物上都没有出现过有关那些铜版的消息，直到本书出版。

在搜索有关马丁·李斯特资料的时候，我以为那些铜版要么丢了，要么根本没有被分类。毕竟，在第一次世界大战期间，英国皇家学会的《英国皇家学会哲学会刊》早期期刊印刷用的铜版都因为战争被熔化了。马丁·李斯特向阿什莫林博物馆捐赠的众多标本也随着时间流逝而消失。在1796年，阿什莫林博物馆的管理员威廉·谢菲尔德（于1772—1795年任管理员）把这些标本从藏品库中偷走了。当我重新发现那些铜版的时候，它们存放在博德利图书馆中并且已经被编排好位置序号，但是它们不属于一般分类范围之内，因为这些铜版既不是图书也不是手稿，而是属于物品。（这一标准后来被更正了。）

马丁·李斯特的后代杰里米·伍德利是一位珊瑚礁生物学家。在2010年9月，我与他进行了一次交谈并得知，几十年前他曾在牛津大学的几个"茶叶箱"里见过那些铜版。宾夕法尼亚大学的李·皮奇随后通过邮件联系博德利图书馆，博德利图书馆的克莱夫·赫斯特后来也证实那些铜版确实还保留着。在2012年，我策划了一个以那些铜版为主题的展览。不仅如此，马丁·李斯特女儿曾经绘制的原始贝壳标本现今仍保存在英国自然历史博物馆中，她们的草稿簿现存于博德利图书馆中。本书中就以上藏品的历史背景做了研究，这些研究不仅提供了《贝类史》的版本信息，还详细介绍了早期科学插图的基本特征、第一批博物馆和博物藏品的性质。在研究这些资料的过程中，我发现马丁·李斯特曾广泛利用他的泛欧博物学家关系网收集软体动物的标本和插图，其中还包括伦勃朗和荷拉尔的作品。这些资料也表明马丁·李斯特的两个十来岁的女儿很可能是第一批在工作中用到显微镜的女性插画师。

我最开始集中精力研究马丁·李斯特本人，并围绕他完成了一部近500页的专著《自然之网》（布里尔出版社，2011）。本书的第一章是《自然之网》的精简版，介绍了本书的科学背景。如果有读者想要了解更多关于马丁·李斯特的医学工作以及他在英国皇家学会的作用或是他的博物学研究成果，可以去读一读《自然之网》。

但是，本书主要面向一般读者，更多详细地介绍了马丁·李斯特的两位女儿苏珊娜·李斯特和安娜·李斯特的工作。我们会从书中看到这位杰出的父亲如何将他两位天资聪颖的女儿培养成为艺术家和科学家，这两位姑娘的艺术才华才是这部作品的闪光之处。李斯特姐妹的素描、油画和版画见证了家庭关系、手工艺品、审美实践和经验感知在将野外采集的标本转变为近代早期科学研究对象的过程中发挥的重要作用，而这些作用往往是隐性的。

第一章 马丁·李斯特：天生的科学家

马丁·李斯特是老马丁·李斯特爵士和苏珊娜·坦普尔·李斯特的第四个孩子，他出生于白金汉郡拉德克莱夫（拉德克莱夫是盎格鲁-撒克逊语中"红色悬崖"的派生词）。这是一个面积虽小但是干净整洁的村庄，位于满是红土的峭壁上，可以俯瞰整条乌兹河。他的父母都是再婚的。马丁·李斯特和他的四个兄弟姐妹都在圣约翰天主教堂受洗。马丁·李斯特于1639年4月11日在教堂内的圣洗池中接受洗礼。人们站在教堂上往下望，就可以看到马丁·李斯特出生的地方。他出生在拉德克莱夫庄园里一座气势恢宏的砖房里，这座房子当时在牛津大学新学院的管辖范围之内。拉德克莱夫庄园建于1620年，其建造工艺精良，从华丽的橡木楼梯走上去便能看到一扇图案复杂的

拉德克莱夫庄园，位于白金汉郡

身穿爵士装的老马丁·李斯特

镂空玻璃窗户，这座庄园直至今天仍然屹立不倒。通过描述，人们可以很轻松地就想象到：苏珊娜·坦普尔·李斯特小心翼翼地抱着她那襁褓中的婴儿迈着轻柔的步伐，在楼梯上走上走下。站在房子的高处向外望去，她可以看到一片绿色的田地和一条蜿蜒流淌的小溪，溪边栽有一排柳树，灰绿的柳叶被风吹拂，簌簌作响，柳枝都快垂到地面上了。

  庄园的主人原本是苏珊娜·坦普尔·李斯特的姨妈苏珊·丹顿和姨夫托马斯·丹顿，他们当时正在试图把这座庄园转租出去，刚好可以让苏珊娜·坦普尔·李斯特在这里休养一个月。在庄园住的那段时光里，苏珊娜·坦普尔·李斯特仿佛置身于一个只有女性的世界，她的姐妹、姨妈和妈妈都来给她讲怀孕生子时要注意的细节，分享自己的亲身经历来安慰她。很多热情的亲朋好友也会特地前来祝贺苏珊娜·坦普尔·李斯特顺利生子，家里还会举办一个只有女性参加的聚会庆祝孩子出生。苏珊娜·坦普尔·李斯特在感恩节的时候参加了由圣约翰天主教堂为孩子举办的诞生仪式，仪式作为"安产感谢礼"，要求她遵从天主教徒的习俗。只有经过这个仪式，拉德克莱夫社区才会认可苏珊娜·坦普尔·李斯特作为母亲的地位。

苏珊娜·坦普尔·李斯特

一位博物学家的诞生

人们对马丁·李斯特的成长历程知之甚少。他最年长的哥哥理查德·李斯特继承了他们家族在白金汉郡和林肯郡的地产,因此马丁·李斯特必须接受良好的教育,让自己在未来可以胜任医生、牧师或律师的工作。苏珊娜·坦普尔·李斯特可以算是马丁·李斯特的阅读启蒙老师,她用赞美诗和《圣经》来培养马丁·李斯特基本的道德情操和宗教信仰。她写的信件可以反映她较好的阅读水平和不规则音标拼写能力,这些都很好地呈现出那个时期侍女的素养。苏珊娜·坦普尔·李斯特一直和她的儿子维系着良好的关系。当儿子在外读大学的时候,她会给儿子写信,讲些家长里短,还会给儿子寄食物,比如鹅肉派。

苏珊娜·坦普尔·李斯特在詹姆斯一世统治时期曾是安妮女王(安妮女王是当时的国王詹姆斯一世的妻子,也是丹麦的公主)身边的一名侍女,那是苏珊娜·坦普尔·李斯特一生中最美丽的时刻之一。她的几幅肖像画至今还保留着,最早的一幅迷人的肖像画是由英国画家科尔内利乌斯·约翰逊(1593—1661)完成的,他是第一位有规律地在画作上签名的英国画家。这幅肖像是在苏珊娜·坦普尔·李斯特20岁的时候,科尔内利乌斯·约翰逊为她画的,这也是科尔内利乌斯·约翰逊的早期作品之一,画上的苏珊娜·坦普尔·李斯特美丽动人、魅力四射。科尔内利乌斯·约翰逊为苏珊娜·坦普尔·李斯特的家人即坦普尔一家都画过肖像画,其中包括苏珊娜·坦普尔·李斯特的父亲亚历山大·坦普尔爵士,那幅肖像画在后来流传有多个版本。这位画家在画肖像画的时候乐于握着笔刷、采用错视法来展现他精湛的绘画技艺,因此画中的苏珊娜·坦普尔·李斯特像是坐在一个石壁龛中。科尔内利乌斯·约翰逊的画法非常适合绘制半身肖像画,小贵族和那些拥有大量地产的英国绅士总是带着一副冷漠的神情,科尔内利乌斯·约翰逊总能捕捉到他们寡言少语的特点。和大

多数作品的风格一样，科尔内利乌斯·约翰逊给苏珊娜·坦普尔·李斯特画的那幅肖像画也是把头摆在整幅画较低的位置。画中，苏珊娜·坦普尔·李斯特绑着一条由绿色丝绸和织锦制成的缎带，穿着一件有着做工精细的环状高领的衣服，头上还插着鸵鸟羽毛做成的头饰，耳饰上刻有坦普尔家族盾徽上的一种鸟类图案。这些服饰在当时象征着财富和社会地位。科尔内利乌斯·约翰逊非常细心、准确地处理了这些服饰的细节。苏珊娜·坦普尔·李斯特活泼可爱的青春气息

苏珊娜·坦普尔·李斯特的肖像画，由科尔内利乌斯·约翰逊于1620年完成

几乎要溢出整幅画。这幅画广受欢迎，罗伯特·怀特后来还根据苏珊娜·坦普尔·李斯特的肖像画制作了版画，并以不低的价格卖了出去。一些收藏家如17世纪著名的日记作者塞缪尔·佩皮斯特意收藏了苏珊娜·坦普尔·李斯特的肖像版画，因为他特别喜欢宫廷女性题材的艺术品。

老马丁·李斯特很可能是通过他的叔叔马修·李斯特认识苏珊娜·坦普尔·李斯特的，马修·李斯特当时是安妮女王的御医。古文物研究者安东尼·伍德曾指出，马修·李斯特对马丁·李斯特的教育是最负责任的。毫无疑问，他有能力为马丁·李斯特提供专业的个人指导，因为马修·李斯特是一个见多识广的人，他必然会向他最疼爱的侄孙讲述各地的奇闻轶事，培养他不拘一格的人生观。虽然马修·李斯特是在牛津大学奥利尔学院接受大学教育的，但是他拒绝了牛津大学向他提供的医学训练的机会转而选择了巴塞尔大学，师

从帕拉塞尔苏斯教授,学习新颖而有争议的"化学医学"。后来,马修·李斯特在1607年与威廉·哈维(血液循环的发现者)一同成为英国皇家内科医学院院士,还担任审查员,评估申请人的情况。马修·李斯特爵士的肖像画是由一位名叫保罗·凡·萨默的画家完成的。保罗·凡·萨默是当时为皇室成员绘制肖像画的主要画家之一。在这幅画中,马修·李斯特风度翩翩的形象被完美呈现,他身穿一件剪裁时尚的马甲,整洁、挺立的尖领与范戴克式山羊胡相得益彰。

马修·李斯特刚刚获得行医资格,便在彭布罗克伯爵夫人玛丽·西德尼·赫伯特(1561—1621)的家里当家庭医生。那时,伯爵夫人的丈夫刚刚过世,而她被这个博学多才、英俊的绅士迷住了。虽然马修·李斯特比她小10岁,但伯爵夫人还是忍不住与这位家庭医生逗趣调情,马修·李斯特那时还帮伯爵夫人管理她的庄园。约翰·奥布里在他的短篇传记作品集《名人小传》中曾猜测:伯爵夫人私下和马修·李斯特结婚了。在英国国家档案中也出现过关于他们两人的传言的资料,称伯爵夫人已经和马修·李斯特结为夫妇,并且居住在斯帕。安东尼·伍德暗暗取笑道:他们这样的安排对伯爵夫人来说一点也不吃亏,这位好医生服务周到、经验丰富,在1621年玛丽·西德尼·赫伯特过世后每年仍然可以领取到120—140英镑的津贴。

他们俩虽然关系亲密,但还是有让人头疼的时候,因为伯爵夫人总是怀疑马修·李斯特和她的侄女玛丽·罗思有私情。当时,这位名叫玛丽·罗思的19岁的黑发女孩刚刚结婚,她有着一双深邃的眼眸,性感迷人。虽然伯爵夫人出于嫉妒心理发出的控诉并未得到证实,但在伯爵夫人位于彭斯赫斯特的家中始终弥漫着钩心斗角的气息。玛丽·罗思是一位剧作家,她在自己的田园剧《爱情的胜利》中重现了伯爵夫人和马修·李斯特的爱情故事,剧中的西维萨以伯爵夫人为原型,李修斯则以马修·李斯特为原型。西维萨与李修斯深深地爱恋着对方,但是由于他们相爱得太顺利,维纳斯女神想从中阻挠,这一心理被玛

马修·李斯特的肖像版画,绘制于1646年

丽·罗思精心设计的情节巧妙地展现出来。维纳斯故意散布谣言，称李修斯正在秘密向另一位女子求爱，这对恋人最终敌不过流言蜚语的打击而分开了。这部带有类面具元素的田园剧中一共出现了八位女性角色，这个数字可以说是非比寻常的。这部剧曾在彭斯赫斯特花园的树下为伯爵夫人上演，剧中的丘比特说道："人们总是对朋友和恋人犯的错误将信将疑，而会为他们自己犯的愚蠢的错误受苦。"

"李斯特事件"几乎人尽皆知，甚至被文人学士公开指责和诋毁。民间流传的一首匿名诗《进步》，诗中非常粗鲁地嘲笑道：

> 李斯特医生，你值得相识相知，
> 你让一位美丽的女士光辉灿烂。
> 你的烟斗很好用，她无法拒绝，
> 但所有东西一经使用都会越来越糟。

虽然婚外情的谣言满天飞，但马修·李斯特和伯爵夫人在学术上确实有着共同的爱好，他们对"新科学"尤其是植物蒸馏和新的化学药品有着浓厚的兴趣。马修·李斯特的处方虽然是一些传统的民间验方，却对许多疾病有显著的效果。比如鸡蛋和蜂蜜制成的膏药可以缓解乳房酸痛，以汞为主要成分的药物可以用来治疗梅毒，还有以稀硫酸为主要成分的药物能够医治很多疾病。马修·李斯特给伯爵夫人很多这类药物的配方，或许是为了向她过人的天分致敬，并感谢她能够像对待诗歌一样重视化学。

伯爵夫人曾为许多博物学家和化学家提供资助，其中包括英国御医威廉·吉尔伯特同父异母的兄弟艾德里安·吉尔伯特。威廉·吉尔伯特是第一个以"磁性"为主题发表综合评论的人，在文中对"磁性"与"琥珀效应"——静电的异同进行了详细阐述。伯爵夫人也曾为托马斯·莫菲特提供丰厚的年金，他是最早的昆虫学家之一。伯爵夫人还赞助了一位生活在波士顿的化学家，但没那么成功，那位化学家试图研究"点金石"。

马修·李斯特在为皇室工作的时候有一位同事名叫西奥多·德·迈耶尼（1573—1654/1655），他和李斯特一样也是通过化学药物给人治病，并给后人留下了一份手稿，里面有许多马修·李斯特的处方。迈耶尼的肖像画是由画家科尔内利乌斯·约翰逊完成的，这位画家也曾为苏珊娜·坦普尔·李斯特画过肖像画。迈耶尼还曾经向科尔内利乌斯·约翰逊请教过如何处理雌黄（一种带有毒性的黄色颜料）。

受到马修·李斯特悉心指导的影响，马丁·李斯特立志在国外完成他的医学课程，并决心凭借自己的努力成为一名优秀的医生。后来，马修·李斯特的研究成果不仅在马丁·李斯特的处方中出现过，也在李斯特姐妹绘制科学插图的颜料中出现过。

马修·李斯特居住在科文特花园，并于1625年从贝德福德公爵手里租了一块面积很大的地，租期21年。马修·李斯特的邻居中有几位名人，包括迈耶尼，还有英国皇室园丁约翰·查德斯肯特父子，他们拥有英国第一家博物馆——方舟博物馆。马修·李斯特和迈耶尼不仅是邻居和同事，还是非常好的朋友，他们曾经在1631年联合向皇室提议成立英国卫生委员会，以控制瘟疫传播。该委员会的任务是针对公共健康安全问题颁布相关法规条例，任命专门的卫生官员负责管理相关事务；设立隔离医院和专项资金，并严惩违规者。尽管这一倡议受到了广泛赞扬，却最终因为君主官僚主义而化为乌有，直到18世纪后期才重新得到重视。

虽然马修·李斯特的医学事业遇到了一些挫折，但他专业的医学知识仍然受到皇室的高度重视。1636年10月11日，查尔斯一世封他为爵士。在英国内战最激烈的时期，马修·李斯特再一次证明了他对斯图亚特王室的忠诚。他在非常艰难的情况下为亨利埃塔·玛丽亚王后接生。1644年，身怀六甲的亨利埃塔·玛丽亚前往法国筹集资金，以支持她还在战场上拼搏的丈夫。遗憾的是，她没能顺利筹到钱，便经由约克回到了英国，与她的丈夫在牛津团圆。但是，当时战况激烈、形势危险，她无法再继续上路。怀孕的她被困在位于埃克塞特的临时避难所里，并且已经过了预产期，她非常担心自己无法顺利分娩。这时，查尔斯一世从牛津给马修·李斯特和迈耶尼写了一封信，信中满是焦急和担心："看在我的分上，请你们帮我去找找我的妻子。"尽管那时马修·李斯特已经80岁了，迈耶尼也身体肥胖、身患痛风不宜旅行，两位医生还是毅然决然地坐上王后的专用马车，从伦敦出发，在一个星期内完成了270千米的旅程。在医生顺利抵达后，亨利埃塔·玛丽亚显然无法承受压力，告诉两位年长的医生，她觉得自己快要被逼疯了。迈耶尼也风趣地回答道："夫人，您已经疯了。"两位医生娴熟、专业的技术最终让亨利埃塔·玛丽亚的最后一个孩子顺利出生。在孩子出生后，亨利埃塔·玛丽亚逃回法国，并在法国政府的帮助下定居巴黎。然而，令人难过的是，就此以后，她再也没有见过她的丈夫查尔斯一世。马修·李斯特对皇室的忠诚也深深地影响了他的侄孙马丁·李斯特。马丁·李斯特后来经过训练成了一名医生，并最终为斯图亚特王朝的安妮女王服务。

博物学家的成长之路

实际上，可以说马修·李斯特是他侄孙的良师益友。在马修·李斯特的指导之下，马丁·李斯特经过两三年的阅读和书法练习学会了如何轻柔地握笔，后来，马丁·李斯特前往位于莱斯特郡梅尔顿莫布雷镇的文法学校接受教育。在这里，他很幸运地遇见他的老师亨利·斯托克斯。亨利·斯托克斯是林肯郡格兰瑟姆中学的校长，在那里，他曾经教过艾萨克·牛顿。正是由于亨利·斯托克斯对牛顿母亲百般劝导，艾萨克·牛顿才能顺利进入剑桥大学，而不是回到林肯郡把自己的一生都贡献给伍尔索普庄园。

文法学校开设了关于拉丁文的课程，这能够锻炼学生的思维能力。除了认真学习拉丁文之外，马丁·李斯特在学习其他语言课程时也一丝不苟，这一点从他后来的科学著作便可以看出，书中的拉丁文用得非常得体、精彩。在有必要的时候，马丁·李斯特也会引用一些古代哲学家的希腊语原文。马丁·李斯特在当时可能也掌握了一些法语的基本知识，这对他来说很有用：他翻译了几部法国科学著作，并在蒙彼利埃接受医学训练。在那里，马丁·李斯特很欣赏一位名叫斯卡龙的作家，他对法国喜剧表演也非常有兴趣。后来，马丁·李斯特还写了一本关于他在1698年进行的巴黎之旅的回忆录，这本书在当时十分畅销。

考虑到那些将来要成为农夫和地主的学生的需要，亨利·斯托克斯在文法学校的课程中增加了一些实用的算术课程。课程的主要内容包括对形状和面积的测量方法，以学习测量和计算公顷的计算方法为主（虽然不同郡之间关于公顷的计算方法并不统一）。亨利·斯托克斯还讲授了一些农夫可能用不到的知识，他指导他的学生在圆内刻出多边形来估算每条边的长度，就像希腊数学家阿基米德在搞明白"无穷小"的含义和估算圆周率时做的那样。亨利·斯托克斯的教导让马丁·李斯特受益匪浅，很好地培养了他在科学领域的才能。

文法学校和剑桥大学圣约翰学院一直保持着一种特殊的关系，根据传统，学生从文法学校毕业后都会到圣约翰学院接受大学教育，马丁·李斯特也不例外。他在1655年以自费生的身份进入剑桥大学，导师是医学教授亨利·帕曼（1623—1695）。马丁·李斯特再一次非常幸运地选择了一所学校，并跟随了一位好的导师。亨利·帕曼是一位杰出的医生，兴趣爱好广泛，拥有一个巨大的私人图书馆，藏书种类繁多。除了当时最新的解剖学和生理学书籍，亨利·帕曼还收集了地图、货币指南、古文物集和一些风雅文学作品，比如让·巴尔扎克的书信。

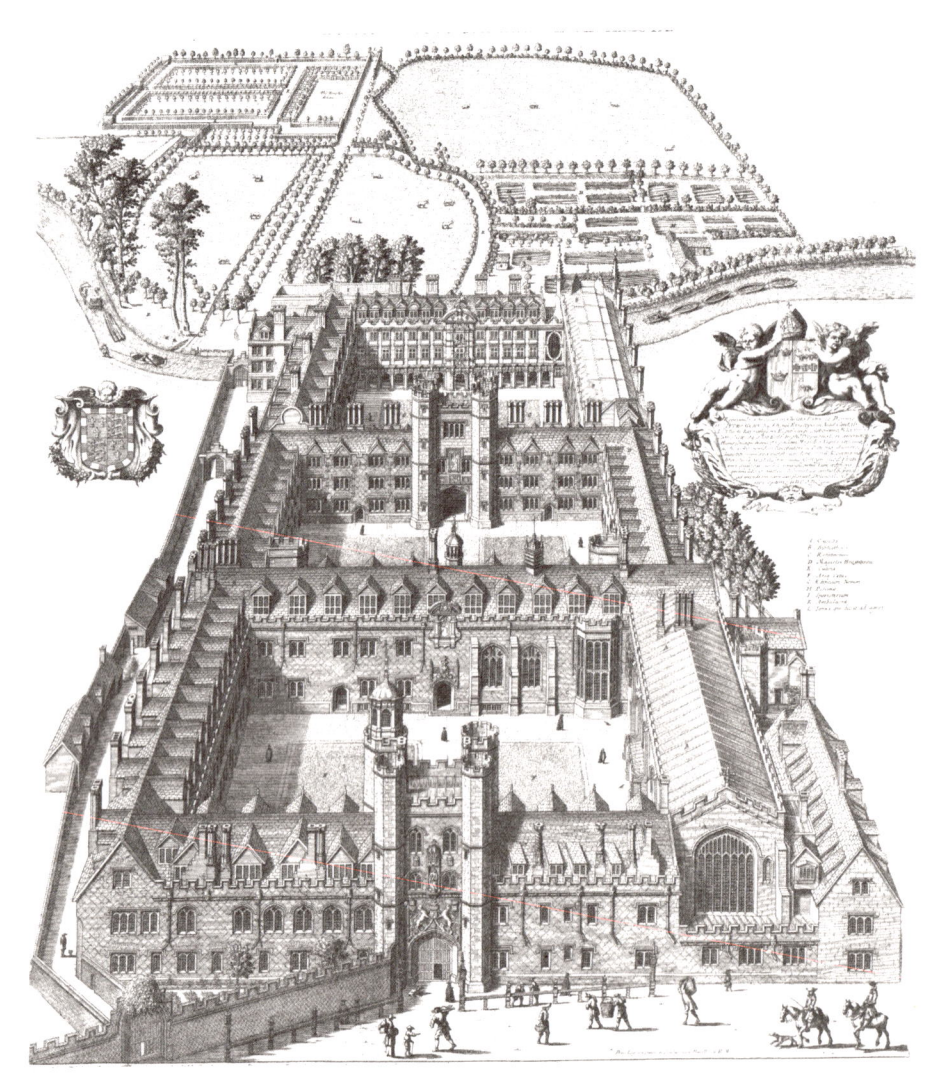

大卫·洛根在17世纪画的剑桥大学圣约翰学院全景

在英国内战时期，圣约翰学院是剑桥大学里对查尔斯一世最忠诚的学院。1645年，曼彻斯特勋爵是议会军东部联盟的少将，在他的支持下，剑桥大学开除了一大批当时被认为是宗教或政治立场不正确的人。于是，许多学生最终放弃了他们在教堂或政府中的工作，转而投向科学研究和药品领域，这些研究被统称为"医学"。1657年,博物学家、医生沃尔特·查尔顿写道:"我们近期的战争和教派分裂的情况几乎完全阻碍了人们对神学研究的热情,并使公民相关的法律受到蔑视,校园里大多数的年轻学者都沉迷于医学领域的研究。"

因此,马丁·李斯特选择学习医学知识,一方面是出于自己的喜好,另一方面则是为了在当时的大环境中保全自身。通过叔祖马修·李斯特,马丁·李斯特与保皇党建立了关系,加上马丁·李斯特本身学识渊博、举止得体、能力非凡,他于1660年8月31日在圣约翰学院获得了"陛下命令"授予的医学奖学金。那些在1644年到1645年和1650年到1651年被国会驱逐出校园的申请人一直期待着有一天他们的奖学金能够得到恢复,但是马丁·李斯特成了第一个受益者。

在上大学的时候,马丁·李斯特给家里写过几封信,信中满是他睿智和欢快的语言。他有一位朋友名叫托马斯·布里格斯,是圣约翰学院的会计员,他注意到马丁·李斯特在学校里有很多朋友,并经常收到一些美好的祝愿和表达心意的小礼物。罗伯特·格罗夫是马丁·李斯特的大学室友,后来成了奇切斯特教区的主教。在大学时期,他们俩关系密切,罗伯特·格罗夫擅长写幽默的拉丁诗歌,写完还会拿给马丁·李斯特看。罗伯特·格罗夫也发表过一篇风格严肃的诗,赞颂"血液循环"的发现者——威廉·哈维的成就,且罗伯特·格罗夫选择用"六音步"的诗歌形式来描述威廉·哈维开创性的活体解剖研究工作。苏珊娜·坦普尔·李斯特从位于林肯郡伯韦尔的家中寄过许多礼物到圣约翰学院,其中包括她尽最大努力得到的最好的鹿肉,但是她对这些礼物并不满意。她曾向马丁·李斯特抱怨过伯韦尔家中的饲养员身体虚弱、做事不勤快,称:"我们在圣诞节之前没有杀过鹿,光是捕杀这只鹿就花了好几天的时间。"她的丈夫实际上身体十分健康,因为他有一位新的邻居古德汉德船长当他的骑马师。苏珊娜·坦普尔·李斯特天生就是一个爱操心的人,她经常为她儿子的健康发愁,她的儿子患有哮喘而且胳膊受伤了,因此她的信中常常透露出一位母亲的担忧,并有许多拼写错误。

苏珊娜·坦普尔·李斯特在信中还提到过"汉密尔顿"怀了一个男孩,但是这个孩子在出生前九个星期便胎死腹中了。"汉密尔顿"就是弗朗西斯·詹宁斯(1649—1731),是苏珊娜·坦普尔·李斯特和她第一任丈夫的孙女。萨拉·詹宁斯(1660—1744)是弗朗西斯·詹宁斯的妹妹,也是后来的马尔巴罗公爵夫人萨拉·丘吉尔。在她不平凡的一生中,她始终坚持给马丁·李斯特写信。1667年5月30日,马丁·李斯特收到了来自萨拉·詹宁斯的第一封信,那时候萨拉·詹宁斯只有7岁,和信一起寄过去的还有一个诚意满满的小礼物——一块红宝石色的蜡封。这个用蓝色丝带绑着的蜡封至今还保存在她的信件里,用她妈妈的话说,这个蜡封代表着"小萨拉"的心意,直到她能够更充分地表达

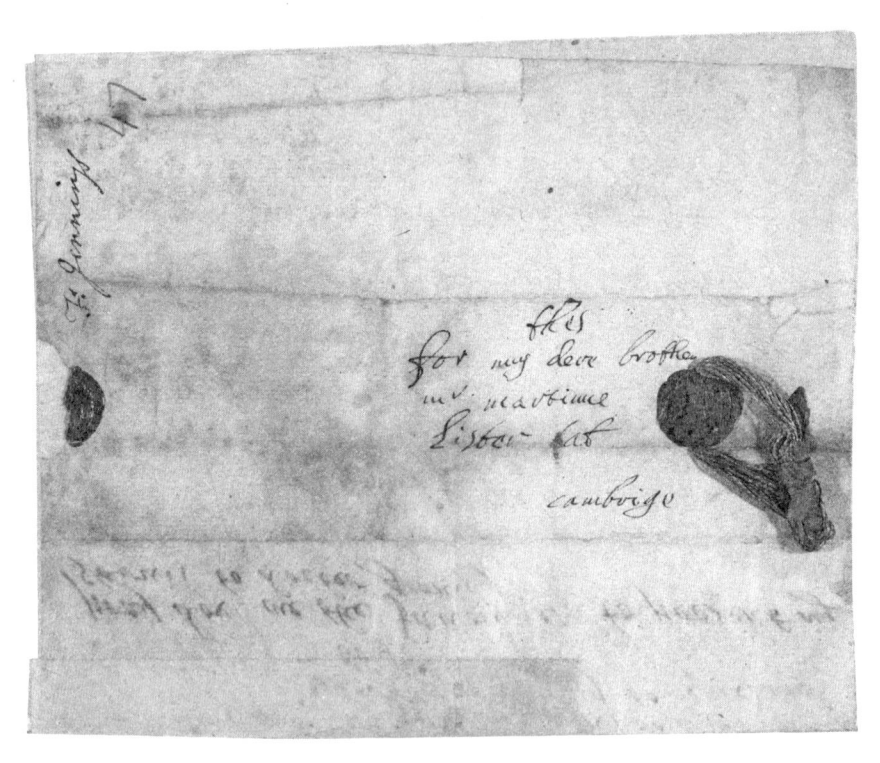

萨拉·詹宁斯送给马丁·李斯特的蜡封

她对叔叔的敬意之前，这个礼物只能当作是微不足道的馈赠。

萨拉·詹宁斯已经懂得了恩赐和赠予的力量，在她成年之后，她一直支持她叔叔成为安妮女王的御医。后来，萨拉·詹宁斯给马丁·李斯特的妹妹写了一封信：

> 当我看到马丁·李斯特叔叔在伦敦的时候，我的心里别提有多高兴、多满足了。在我看来，他是一个非常讨人喜欢又才思敏捷的人。遗憾的是，我虽然有着这样一位优秀的亲戚，却长这么大了都没能和他熟识，但我可以保证这绝不是我的问题。可以说，只要有机会，我都会尽己所能地为叔叔做一切事，以此来能证明我的话。

马丁·李斯特在剑桥上大学的时候，他的家人非常想念他，尤其是他的妹妹简·李斯特。简·李斯特一直渴望收到哥哥写的信，她简直把他当作英雄来崇拜。在给哥哥的信中，简·李斯特写道：

> 亲爱的哥哥，如果你想和世界各地的牧师打交道，那就给他们写信吧。然而，正在给你写信的我并不愿去考虑那些事。如果我的想象不是空穴来风，我可以肯定自己对你的热情是真真切切的，这一点你也毋庸置疑。但是，如果我忘记给你写信了，请你不要责怪妹妹，你的理解会给我们带来莫大的安慰。更何况，我是你最爱的妹妹和最忠诚于你的人啊。请把我们的祝福带给婶婶和表妹。

马丁·李斯特要从事医学工作，就得在如他母亲所说的"老修道院"里学习很长一段时间。大学章程规定：每位医科学生在开始医学研究之前必须先获得文科学位。牛津大学和剑桥大学要求医学生必须有14年学习经历，包括7

年文科课程和7年医学课程。因此，在当时，打算学习医学的学生去欧洲大陆留学反而更便宜、更方便。在那里，医学教员更出色，学生们可以更早接受医学训练，进而更快获得医学学位。尽管托马斯·西德汉姆（流行病学研究第一人）、威廉·哈维和托马斯·威利斯（他在大脑神经领域进行了开创性的研究）在牛津大学和剑桥大学的医学教育取得了进展，他们仍坚决地选择了保守的态度，支持希波克拉底和盖伦的医学理论。1632—1688年，在牛津大学和剑桥大学就读的255名医学生中，只有136名学生顺利拿到医学博士学位（其中58人来自牛津大学，78人来自剑桥大学）。

法国情缘

其余的人之所以选择到国外继续攻读学位，是因为他们对居住条件的要求不高。在莱顿大学等一些学校，学生实际上可以买一个医学学位。1663年，著名医生托马斯·布朗在医院实习一个月之后就拿到了医学博士学位。马丁·李斯特也曾在国外留学，但是花的时间相对较长，他于1663年离开学校去旅行，最后在法国南部的蒙彼利埃接受了医学教育。在近代早期，医学生到国外接受医学教育是一个由来已久的传统。在国际研究和国际旅行受到高度重视的地方，医学已经可以独立成为一门学科，因为那些医学生能够将最新的医学理论和药物带回他们的祖国，有时候还带回了外科技术。17世纪70年代，丹麦解剖学家托马斯·巴托林回忆起他那奇妙的医学之旅时说道："那里有许多游客，使得整个欧洲好像都在进行人口迁徙。"虽然蒙彼利埃医学院从来没有正式地授予马丁·李斯特医学学位，但他仍然决定留在蒙彼利埃继续他的医学研究。

马丁·李斯特在蒙彼利埃的经历对他后来事业发展的各个方面都至关重要。他当时选择从离开大学到成家立业这段时间里去蒙彼利埃旅行，这段时间对许多绅士来说是最方便的时候。他之所以选择继续在国外研读医学，不仅因为他想获得医学的资格证书，还因为他希望获得一番成就，成为一位有素养的绅士、一位世界主义者，为他的教育背景锦上添花。托马斯·布朗在1661年给儿子的信中鼓励他，在国外时言行举止要大方一点，可以多向法国那些英俊的警卫和做事勇敢的公民学习，不要再像乡下人一样害羞，否则他的法国之旅将毫无意义。

16世纪早期的蒙彼利埃吸引了大量留学生前来学习，有37%的学生来自国外。英国的医学生对来此留学抱有高涨的热情，一方面是因为他们可以借此机会学习法语和礼仪，另一方面是因为他们每年可以有300多天生活在这个环境幽雅的校园里，享受高品质大学和知名研究院提供的资源。蒙彼利埃医学院之所以享有盛名，主要是因为这里对实用植物学非常重视，并拥有一个参照意大利帕多瓦植物园设计的植物园。这个植物园是法国国王亨利四世在1593年捐赠给医学院的，最初由皮埃尔·里彻·德·贝勒瓦负责。在1593—1632年，他一直担任解剖学和植物学学院的院长。他将植物园的一部分土地用来种植来自干旱的朗格多克地区的山地植物。这个植物园作为法国最古老的植物园，成了后来法国所有植物园设计的典范，其中包括30年后建于巴黎的皇家药用植物园[1]。著名植物学家皮埃尔·马格诺（1638—1715）在马丁·李斯特到来不久之后便获得了医学博士学位，并对植物园进行重组和扩建，将所有植物按照已知的18种药用和医用效果进行分类。马格诺首次提出依据植物形态对植物进行分类，马格诺的《蒙彼利埃植物学》（1676）中描述了他从蒙彼利埃周边地区收集的1300多种植物，那是当地重要植物群之一。由于马格诺在植物学方面的成就，卡尔·林奈以马格诺（Magnol）的名字命名木兰属（*Magnolia*）。马格诺与其

---

[1] 皇家药用植物园是法国国家自然历史博物馆的前身。

他医学教授非常急切地想要向他们的学生展示这些医学领域中的药用植物或标本，然而在以前，这些知识只能靠学生自学获得。

在法国宗教战争期间，蒙彼利埃医学院的学生数量急剧下降，但很讽刺，战争和它带来的后果却让这座城市和蒙彼利埃医学院受益良多。蒙彼利埃变成了胡格诺派的大本营，他们在法国国王亨利四世的庇护和支持下组建了一支教师团队，并在宫廷内成立了胡格诺派团体。在亨利四世掌权时期，这些胡格诺派教徒还在蒙彼利埃医学院设立了解剖学、植物学、外科学和药学讲席教授的职位，这些职位是在15世纪后期设立的四个钦定教授的职位的基础之上增设的。17世纪，四位讲席教授的指导和长达一年的医学课程对初期的医学研究者来说是最合适的。教授们在每年游行的时候都会身穿猩红色缎袍、头戴貂皮兜帽，参加这场盛大的仪式，让民众感到无比骄傲。

蒙彼利埃医学院

自蒙彼利埃在1622年向保皇党军队投降之后，1560—1622年发生的宗教暴乱就基本上再也没有发生过了。国王和天主教会为了确保人民忠诚做出了巨大的努力，他们建立了一个堡垒并委派皇家军队驻守。除此之外，许多改革派主教还发起了"宗教皈依计划"，鼓励改革主义者在蒙彼利埃建立教会，到1656年，已经有嘉布遣会、道明会、嘉尔默罗圣衣会、耶稣会和神父布道会在蒙彼利埃成立。虽然蒙彼利埃还有一个新教团体存在，但其势力在1650年已被严重削弱。

对于像马丁·李斯特这样1650年后在蒙彼利埃学习的外国新教徒来说，当时的情形更是不容乐观：

> 17世纪，英国的绅士们因为对久负盛名的蒙彼利埃医学院抱有美好憧憬而前往那里，却没有想到当地学校的新教徒学者如此之少，而且都被逼到了边缘地带。《南特敕令》的影响日益减弱，胡格诺派教徒的安全无法得到充分保障。外国人和新教徒既被严格禁止参加医科大学的正式入学考试，也不能参加讲座或者辩论比赛。只有一个例外，就是偶尔举行的官方解剖演示。与其说这是一项严肃的研究，不如说是一次精彩的公开演出，由官方指定的草药医生在植物园里演示，连校外人员都可以在远处观看。

因为马丁·李斯特外国人和新教徒的身份，他不能正式入学，但是他确实和其他留学生一起进入了一个学院，能够了解到该校医学和博物学的研究进展。

马丁·李斯特在法国学习的三年里写了一本详细的年历，这些内容后来出版了，书名为《每个人的伴侣：一本有用的口袋书》。这本书主要讲了三部分内容：第一部分简洁而精彩地介绍了17世纪的杰出医生以及他们在医学领域的

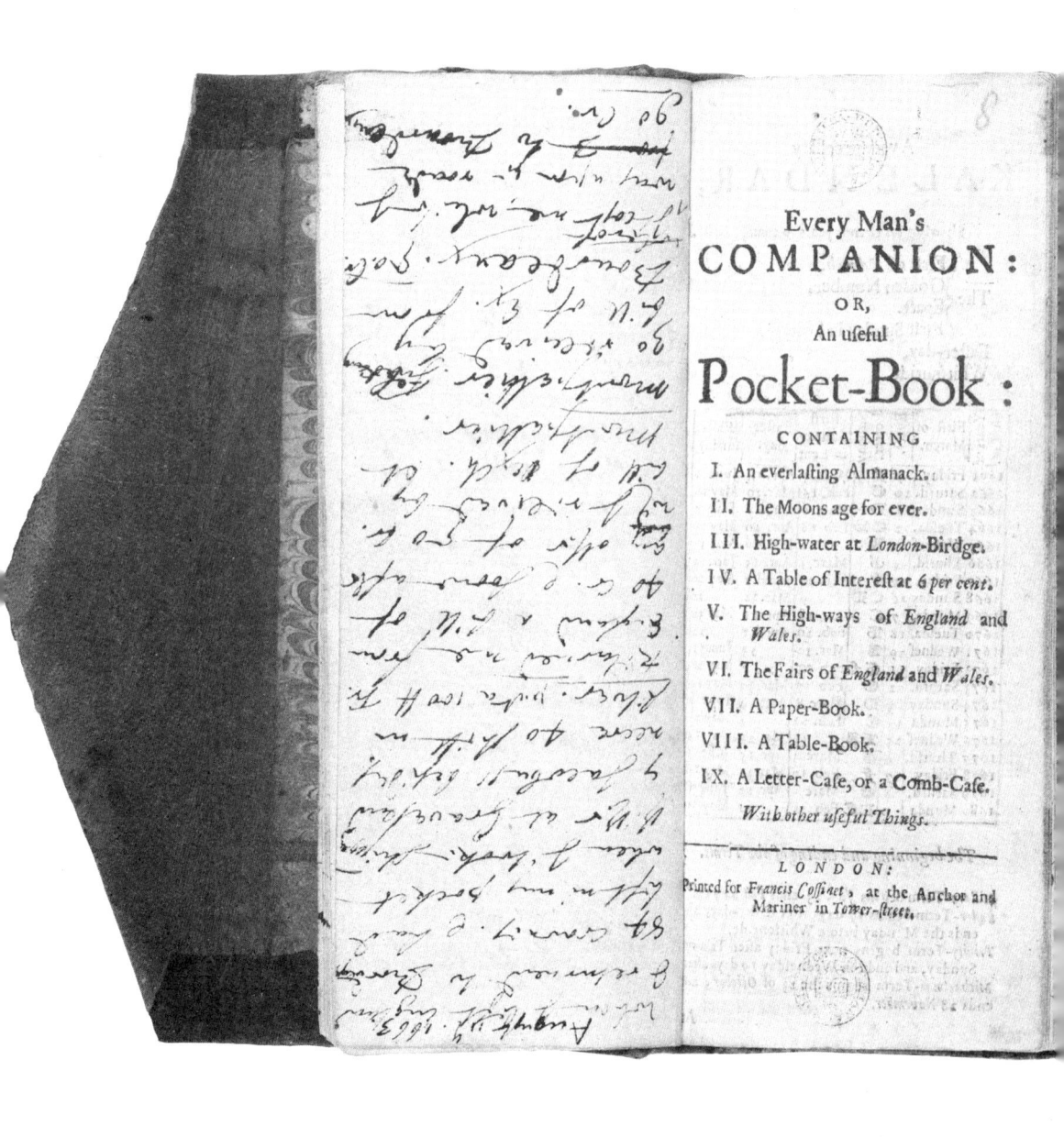

马丁·李斯特用过的年历，他自1663年开始在这本年历中写注释

成就；第二部分生动地描绘了近代早期的医学教育情况；第三部分详细地展现了其中一位绅士的奇妙之旅。这本口袋书的一个宣传点就是其可擦写的封面设计，而且读者还可以用软金属、石墨或墨水在上面写字，这种特殊的封面是由石膏和胶水混制而成的。石墨铅笔在17世纪还是一种相对新颖的书写工具，以另一种可擦写的形式出现。最早出现的可擦写封面的书于1527年出现在比利时的安特卫普。16世纪末，可擦写封面的书已被批量生产。在莎士比亚的作品中也有过可擦写封面的书的相关内容，当哈姆雷特看到父亲的亡魂时，他说道："还记得你吗？是的，我将从我记忆的图版上，抹去琐碎的愚蠢的记忆……"哈姆雷特把他的记忆想象成一本可以擦得很干净的画册，就好比洛克式的白板。对马丁·李斯特来说，年历的用处非常之多，可以记录他的生活经历以及他在蒙彼利埃实现的小成就，长时间积累下来，都可以拿来当读物看了。有时，内容丰富的年历其实就是一本普通的书，上面记载着许多关于植物学、动物学的详细叙述和对工艺的描写。用马丁·李斯特自己的话来说就是，"要物尽其用"。从医学和博物学研究的广泛性和多样性来看，如果年历丢失，则意味着马丁·李斯特所有的相关研究都前功尽弃了。

马丁·李斯特爱好观察的天性，不仅丰富了年历的内容，也充实了他后期的医学记录。除此之外，他还有7本年历保存在博德利图书馆内，这些年历在17世纪80年代马丁·李斯特成为医生的时候，被当作他的记事簿。他的笔记不仅包括对病人的记录，还有对磁性和颜料的测试记录、壁画的绘制技巧和铅铜矿精炼的方法，以及从植物学角度对紫丁香的详细描述。这些都证明了这位医生从来没中断过对博物学的研究。虽然马丁·李斯特在他去蒙彼利埃的旅途中并没有意识到这一点，但医学和博物学在他一生中都占据着不可忽视的地位。作为一位学者，他受过的教育和得到的发展始终鼓励着他从多个角度看待世界。他在博物学领域的专业知识已然可以成为许多当代科学研究领域的基础了，其中也包括医学。

在海上

1663年8月11日，马丁·李斯特离开了林肯郡伯韦尔的庄园，前往蒙彼利埃。他在随笔中提到他乘着前往波尔多的马修号双桅船从大雅茅斯出发。在船上，他靠看书来消磨时间，他认真研读了《法国学院史》和盖厄斯·佩特罗尼乌斯·阿尔比特（27—66）那部有趣的经典著作《萨蒂利孔》，这本书的内容虽然有些污秽但是其价值是永恒的。作者以男主人公恩科尔皮乌斯（Encolpius）的口吻展开叙述，而Encolpius简单翻译过来就是"胯部"的意思，书中充斥着无尽的盛宴、当时的罗马俚语和庸俗不堪的炫耀。但是，这部有趣的作品确实能够帮助旅途中无聊的年轻人打发时间。因此，在马丁·李斯特向博德利图书馆捐赠的1200多本书中，其中有一本肯定是《萨蒂利孔》。

1663年8月20号，马丁·李斯特顺利抵达伦敦并继续前行，六天之后到达莱伊。但是，由于三天后暴风雨来袭，船只被迫从渡过英吉利海峡的航程中返回，马丁·李斯特在韦茅斯滞留了三个星期。在那里，他对切瑟尔浅滩进行了观察，并得到了准确的结论。他在自己的笔记中写道：卵石的大小与其位置是有联系的，比如波特兰海滩的燧石和卵石有拳头那么大，而布里德波特港口的卵石只有豌豆那么大。千万年的风暴将这些卵石按照大小进行筛选，并将其分布于不同的位置。因此，走私者和当地渔民在夜间登陆的时候，可以依据脚下卵石的大小来判断自己所处的位置。尽管对这片海岸有研究兴趣，但我们仍然可以想象，当马丁·李斯特看到澎湃汹涌的巨浪在飘摇不定的海面上碾碎岩石时，他会有多么迫不及待地想要到达法国。

在9月5号和8号，这艘船两次试图从韦茅斯出发，但都因为天气原因被迫返航。不得已，马丁·李斯特改变了计划，决定于19日冒险登上前往圣马洛的鸽子号护卫舰。然而不幸的是，鸽子号护卫舰再一次因为风暴被迫返航，并在根西岛停泊三周之久。直到10月16号，他才顺利登岸到达法国，长时间滞留在船上导致那个时候马丁·李斯特一坐船就犯呕。尽管旅途曲折,他仍坚持记了一些随笔来记录船长巴特先生以及他人生的第一位"挚友",同时也是一位同他有过"风流韵事"的"无言女士"——他脚下的船或者说是沉默的鸽子号。巴特先生最终不仅征服了"他的女人",也征服了这片浩瀚的海洋。

登陆后,马丁·李斯特从雷恩启程,经过一段陆地之旅后到了南特,随后又抵达波尔多,他在那里花了三个月时间来休养自己那刚刚经历了艰难旅程的身体。他曾说自己有一个非常疯狂的身体,一生都在被哮喘折磨,在圣约翰学院读书期间病情还加重了。马丁·李斯特曾经从波尔多给一位未知收件人写过一封信,草稿中有很多画线、插入语和污点。据推测,这位收件人很可能就是他的导师亨利·帕曼:

> 最可敬的先生,如果我有哪项任务没能及时完成的话,请不要归罪于我,这是因为我身体欠佳才耽误了工作。我在学院期间患上的重病也给我这次旅行带来了不少麻烦和阻碍。但是现在,我已经在这座城市安顿下来了,并打算住上一段时间。现在,我身体刚刚有所好转我便迫不及待想要向您表示崇高的敬意。

马丁·李斯特后来还说:"如果我能像别人一样健康,我无疑也可以和他们一样幸福,而不是像现在这样,成了祖国和宗教事务的局外人。"他也遗憾地表示:"如果你要在祭坛支持宗教会议的话,我可能没有办法帮助你,只求你在祈祷的时候还能挂念我。"他的行为指南和旅行随笔中常常提醒那些年轻的新教徒,若想避开"教皇的陷阱",就一定要对新教信仰坚定不移、毫不动摇。马丁·李斯特显然需要一些精神上的援助,他不仅生了病,还有一点想家和害怕。但从实际情况来看,或许他并没有什么好担心的。他在随笔中记载过,在刚到蒙彼利埃的时候,他没有隐瞒自己新教徒的身份,但是当地人也没有因此伤害他，而是告诉他："我们这里有来自不同国家并信仰不同宗教的诚实的人。"只要学生们不公开举行宗教仪式，他们就不会受到宗教争端的影响。16世纪，一位蒙彼利埃医学院的学生菲利克斯·普拉特曾表示，一些信奉新教的学生偷偷学习如何在纸上煮鸡蛋，因为在蒙彼利埃，天主教的教徒是不允许在四旬斋期间使用煎锅或煮锅的。

最终，马丁·李斯特的好奇心还是战胜了他自怜自哀的情绪和对灵魂的敬畏。在波尔多的时候，马丁·李斯特记录了不同的土质及其对葡萄酒生产的影响，尤其详细介绍了什么土壤环境能生产出最优质的葡萄酒。后来，酿酒成为他一生的爱好。1698年，马丁·李斯特已步入暮年，在他去法国旅行的途中，他仍然和身边的朋友侃侃而谈研究美酒的乐趣，他对酒的研究是面面俱到的。在他还是个年轻学生的时候，他就发现：阳光和土壤矿物质的细微差别对葡萄的糖分和葡萄酒品质能够产生巨大的影响。马丁·李斯特在他的笔记中写道：

> 波尔多有一种葡萄酒叫作"庄严的酒"，酿制它的葡萄生长在铺满白色小鹅卵石的土地上。人们注意到，这片土地生长出的葡萄酿出的酒是最好喝的。生长在不同位置的葡萄酿出的酒也有区别，比如一边是地势较低的河岸，另一边是地势较高的山丘，生长在河边的葡萄就比生长在山上的葡萄酿出的酒要美味得多。在山上，如果葡萄树结出的果实更红，那么酿出的酒的颜色也会更深。

马丁·李斯特发现，波尔多左岸最好的葡萄酒通常是由碎石土地上栽培的赤霞珠酿制而成的，波尔多右岸最好的葡萄酒则是由梅洛葡萄（有时候是品丽珠）酿制而成的，这里的石灰石和黏土（以及沙子）非常有名。

1664年1月6日，马丁·李斯特离开波尔多，选择通过一条捷径前往蒙彼利埃，途经加龙河和阿基塔尼亚的古罗马大道。这样的行程安排巧妙地弥补了之前损失的时间。他在路上没有过多停留和记录，经过凯迪拉克、伊莱尔德吕西尼昂、凡昂、图卢兹、洛拉盖自由城、佩兹纳斯、卡尔卡松、纳巴达等地，最终在1月16日抵达蒙彼利埃。

在蒙彼利埃学医：过去和现在

马丁·李斯特在蒙彼利埃上学的时候住在哪儿呢？事实上，蒙彼利埃医学院那时以其临床、药学和解剖学领域多样化的教学内容而闻名，这深深地影响了李斯特对住所的选择。著名植物学家约翰·雷在17世纪60年代访问蒙彼利埃的时候，对这座只拥有130多家商店的小城却有数量如此之多的药剂师而且几乎所有人都能在这里找到工作而感到惊讶。许多药剂师可以通过给医学专业的大学生当家庭教师获得额外收入。当然，正如马丁·李斯特在他信中透露的那样，近代早期的医学生都会想要和药剂师当室友，马丁·李斯特也不例外，他和一位名叫让·法尔金的药剂师成了室友，因为这样他就可以从室友那里学习药物相关的知识，并了解到如何制备特定的药品。

法尔金不仅是一名化学家，还是法国王室的特级调香师，或者可以说是奥尔良公主的御用药剂师和调香师。法尔金的香氛店开在蒙彼利埃市中心的格兰德大街（现在是让·穆兰格兰德大街）与掷弹兵街交叉的路口。这家香氛店坐落在常年有商人聚集的城市西边，叫作"金色花瓶"。到1668年，法尔金已经把各种香氛产品的配方完善到极致了，并将它们分成"含促进健康成分"的香氛和"装饰性"的香氛。和许多香氛商一样，法尔金的商店里也出售多种小物件，比如牙签和粉扑，也有干果之类的美食和鼻烟壶、烟草袋，还有香气四溢的手套。如商品目录呈现的那样，法尔金不仅从事草药的生产工作，还喜欢生产一些奇特的混合制品，比如一种名叫"theriac"的含有蛇毒粉的化合物，被人们视为通用解毒剂；一种名叫"kermes"的用小蚧壳虫制作的药片，被认为可以治疗心悸。住在"金色花瓶"香氛店的时候,马丁·李斯特既可以选择到学校里的植物园研究药用植物的本体,也可以选择在法尔金的香氛店里研究药用植物制剂。这种亲身实践的学习方法是纯正的实用医学悠久传统的组成部分,但它并不强调医学规范背后的亚里士多德逻辑的抽象原则。

在学习调制药品期间,马丁·李斯特还从法尔金的店里拿了一些法国香水寄给他的妹妹简·李斯特,简·李斯特收到之后觉得这香水简直是稀有佳品,肯定比布尔代女士送给巴尔扎克的香水还要好。巴尔扎克曾谈起过他收到的那些香水:"我不能说这些香水特别精美,但是它们的确让我整夜都睡得很香,我的脑海里全是那甜美的气息,这使我的想象里除了那些美好的景象外别无他物。"人们不禁会问,究竟是法尔金亲自调制香水让马丁·李斯特送给他妹妹,还是把这项任务交给了马丁·李斯特呢?

除了制药,马丁·李斯特在蒙彼利埃医学院还学了什么呢?除希波克拉底和盖伦的传统医学著作及迪奥斯科里德斯的《药物论》外,蒙彼利埃医学院的医学生还会接触到化学药和笛卡尔哲学的新理论。月复一月,马丁·李斯特在他口袋书的最后几页列出了他研究过程中读到的书,有些是经典名著,有些则是有创新性的作品。

为了学习药物相关的知识,马丁·李斯特还研读了加西亚·德·奥尔塔(1501/1502—1558)和尼古拉斯·莫纳德(1493—1588)共同完成的《药物史》,这是当时关于东方香料和药物的最好的著作之一。加西亚·德·奥尔塔是曾经驻守在印度果阿邦的葡萄牙海军的医生,他的第一部著作是《印度香药谈》。这本书是欧洲人第一次对印度药物进行分析,后来被翻译成多种文字并传遍欧洲。尼古拉斯·莫纳德也是一位医生,但和加西亚·德·奥尔塔不同的是,他是土生土长的塞维利亚人,一生都没离开过西班牙。但是,因为塞维利亚当时垄断了欧洲和美洲之间的贸易,所以他可以学习美洲的医学知识。西班牙王室还建立了一些机构,如印第安委员会和西印度交易所,以促进新知识在

DE ANIMALIBVS.

Tinea Bartholo. in li. de proprie. rerū tinea e uestimentorū ꝟmis dicta, eo ꝙ teneat: et eo usꝗ̃ uestibus insidat q̃ corroda, & ex uestium corruptione gignitur, qñ scilicet uestis aliquādiu in aere grosso cōprimiť, nec uentu pfunditur et in puro aere libere nullatenus explicaṫ: insensibiliter aūt pāni superficiā cōsumit: & cū sit sensibile animal infra panni substantiam se occultat, ꝙ uix unꝗ̃ uideri oculis se permittit.

OPERATIONES.

1 Amara & odorifera tineę fugiūt ad uestes respersa,talibus de facili non accedūt.
2 Et ideo folia lauri, cedri & cipressi et huiusmodi imposita in cistis, uel uestes ibi repositas, & libros corrumpi à tineis non permittunt.
3 Constan. Est quædam scabies capitis, quæ propter suam tenacitatē et adhęrētiam tinea est dicta. De qua quęre infra ī tabula de infirmitatibus quomodo sit curanda.

CAPVT. 146.

Tyr⁹. Ex libro de naturis rer. Tyrus est serpēs in partibus Hiericho circa solitudines Iordanis, infestus auibus et animalibus maxi-

me ouis auium quæ cum ipsis auibus comedit. Huius carnes cōfectæ cum quibusdam admixtis, omne toxicum uenenum expellunt: ꝗ̃ confectionem tyriacum dicunt. Ferunt autem nōnulli hunc ante passionem Christi nullum habuisse remediū maximeꝗ̃ fuisse hominibus infestum. Ipa uero die passionis unum ex eis infestissimum circa partes Hierusalem casu fuisse comprehensum, & Christi latus fuisse cruce suspensum, atꝗ̃ ex illo die totum illud serpentis genus accepisse uirtutem cōtra omne uenenum. Actor. Tyrus idem esse fertur, quod uipera. Nam & autores in medicina loquentes de carne serpentina uel tyriaca conficienda raro uel nunꝗ̃ de tyro sub hoc nomine faciunt mentionem, sed de uipera. A tyro uero denominatiōe dicitur tyriaca.

OPERATIONES.

1 Auicenna in can. 5. Tyriaca assarath id est a morte liberans sublimior est medicinarum compositarum: propter multitudinem sui iuuamenti: proprieꝗ̃ in uenenis, quæ sunt ex puncturis uł morsibus, ut serpentium, & scorpionis, & canis rabiosi.
2 Ex lib. de natu. rerum. Tyriaca cum ex tyri carnibus admixtis quibusdam sit confecta omne aliud uenenū extinguit, sed cōtra uenenum ipsius tyri nihil prodest.

CAPVT. 147.

Tigris Isid. Tigris uocata ē ꝓpter uo lucrem fugā: sic ēm nomināt Persi & Indi sagittam. Est bestia uarijs distincta maculis, uirtute & uelocitate mirabilis: ex cuius nomie Tigris fluuius appellatur, eo ꝙ rapidissimus sit omnium fluuiorum.

中南美洲殖民地传播。在美洲新大陆工作的医生不仅证实了老普林尼和迪奥斯科里德斯关于植物医学功效的古老说法，还详细描述了他们新发现的植物，明确它们是否能够用于医学治疗。金鸡纳树，也称奎宁树，就是那些医生的发现之一，它们原产于南美洲西部安第斯山脉的热带森林里。

除了以上医学著作，马丁·李斯特还研读了约翰·施罗德（1600—1664）的《标准药典：药物化学》（1644），这本书是17世纪最广泛使用的药物手册之一。约翰·施罗德是一位德国医生，他曾经在瑞士军队中担任外科医生，后来在法兰克福行医。他著作中的第四卷包含了大量关于植物学的知识：植物的索引及其用途。这也是马丁·李斯特和约翰·雷在植物探险中的兴趣点之一，约翰·雷对马丁·李斯特在蒙彼利埃受到的医学教育有很大的影响。约翰·雷的传记作家查尔斯·雷文曾指出，约翰·雷非常感激约翰·施罗德做的笔记对《剑桥植物目录》的贡献，这是英国出版的第一本与植物学相关的科学著作。除了介绍具有创新性的化学药物，比如用来治疗梅毒的汞（汞可以杀死引起感染的螺杆菌），约翰·施罗德的著作中还包括一些我们现在看来很神奇的药物的制备方法，比如著名的武器药膏——一种涂抹在划破伤口的武器上的用来治愈伤口的药膏。

马丁·李斯特学习医学知识的时期处于从传统医学转向非盖伦医学的过渡时期，他不仅学习了体液医学的古老原理，深刻地体会同情和反感这两种情绪，还研读了生理学和哲学方面的革命性著作。他的阅读清单里有笛卡尔关于光的论文以及物理学著作《世界》。马丁·李斯特还为博物类的书籍进行过注解，如弗朗切斯科·雷迪于1664年出版的《毒蛇观察记》，作者像一位艺术收藏家一样，向读者展示他对毒蛇的观察结果，其中包括确认毒蛇毒腺的位置和阐释蛇毒的毒性。除此之外，马丁·李斯特的阅读清单还包括马尔切洛·马尔皮吉[1]于1661年出版的《肺的解剖与观察》。在这项具有开拓性的研究中，马尔切洛·马尔皮吉开始使用显微镜观察肺，他发现，肺实际上是由被毛细血管包围的肺泡组成的。在研究过程中，他还发现了一个长期以来备受关注的问题——静脉和动脉之间的联系，这一发现推动了威廉·哈维在血液循环上的研究。马丁·李斯特还留意到了托马斯·威利斯创作的一本关于发烧的书，这本书全面详细地介绍了发烧的类型，并准确地描述了由疟疾和"露营热"引起的发烧。托马斯·威利斯认为，发烧的本质是血液发酵，这和用经典的腐败模型解释发烧的原理是很相似的。然而，他选择以一种"机械"的方式对他的模型进行充分阐释，即从化学的角度解释疾病。

为了补充托马斯·威利斯的化学理论，马丁·李斯特还读了尼盖斯·勒菲布赫的作品，尼盖斯·勒菲布赫于1663年成了英国皇家学会的会员，也是查尔斯二世时期英国皇室的药剂师和化学家。马丁·李斯特曾回忆自己读过的《学者期刊》的第一期，该期刊最早是从1665年开始出版的，和《英国皇家学会哲学会刊》一样，它也是世界上第一批科学期刊之一。

在学业临近结束的时候，为圆满完成自己作为绅士应获得的教育，马丁·李斯特还读了古罗马时期作家和诗人的文学作品，以及当时法国的信件和历史资料。他非常重视提高自己的法语口语水平并丰富自己对纯文学的了解。在那个时代的信件中，我们可以看到在《法语修辞学》（1653）一书中列出的在礼貌交谈中可以用到的语法和修辞。白话修辞学出现于16世纪的西欧，并在17世纪开始变得普遍。但17世纪下半叶，法国作家们又将这些修辞修改成符合当时需求的修辞形式，并将其运用在自己的语言中。

马丁·李斯特曾提起过他最喜欢的（或至少是他最常提及的）法国作家

---

[1] 马尔切洛·马尔皮吉是意大利显微解剖学家。

盖兹·德·巴尔扎克（1597—1654）的信札和序言，这位作家也是法兰西学院的成员，他发表的信件为法国散文引入了一种新的精准与清晰的文学风格。盖兹·德·巴尔扎克的作品充满了他对各种公众人物的与其声誉不同的、极具颠覆性的评论，并以他同各位文学同行的诙谐对话为特色。比如他曾写过法国诗人弗朗索瓦·德·马莱伯会经常吐痰，并打趣道，他从没见过比弗朗索瓦·德·马莱伯更"湿"的人，也没见过比弗朗索瓦·德·马莱伯更"干"的诗人。马丁·李斯特后来将这些作品的后期版本捐给了博德利图书馆，其中几本以马丁·李斯特的旁注为特色。

为了把他的阅读成果付诸实践，马丁·李斯特还特地跑到托马斯·克鲁爵士的住所，和他在一个休闲沙龙里谈论鸟类学和文学，这可以从李斯特的口袋书中得到证实。托马斯·克鲁也非常喜欢和这位年轻人定期见面，他们会饶有兴趣地谈论法国国王亨利四世的爱情故事。马丁·李斯特对亨利四世给他的情妇们写的信颇感兴趣。他在自己的笔记中曾写道："我很喜欢另一封信中的这段话，这封信是亨利四世在他的情妇韦纳伊侯爵夫人对他发脾气的时候写的，还有一封加布里埃尔夫人给亨利四世写的信也十分有趣，一些风流的法国人尤其喜欢讲些逗弄、俏皮的话。"在回忆录中，他从那些信件和话剧中抄下了几段优雅的文字，颇有散文韵味。也许，他和其他年轻人一样，也梦想着自己能拥有一段浪漫情缘。从法国回到故土的第四年，马丁·李斯特在一封信中向约翰·雷坦白："在我爱慕虚荣的那段日子里……我宁愿追求女人也不愿追求自然知识。"

但是，当他真的开始追求女人并且读过法国滑稽诗人和讽刺作家保罗·斯卡龙（1610—1660）的作品之后，他开始追求自然知识，并对博物学产生了浓厚的兴趣。马丁·李斯特在蒙彼利埃结识了许多影响了他未来研究方向的医生和博物学家。1665年12月，他认识了一位丹麦医生尼尔斯·斯滕森（1638—1686），人们一般称呼他为"斯泰诺"。斯泰诺后来在1668年写了一本书叫

《预言》，这本书对化石的来源以及它们是如何被包裹在岩层之中进行了大胆论述，他描述了一个由地质运动引起的液体渗入地球裂缝的过程。这些液体能溶解矿物盐，并渗入动物外壳的裂缝，最终"石头物质"取代了外壳。马丁·李斯特将斯泰诺的研究成果融入自己关于软体动物化石的作品中，他的女儿后来也对这些化石进行了绘画和印版雕刻。

斯泰诺也是一位解剖学家，因发现腮腺管（斯泰诺管）而闻名。在蒙彼利埃的时候，斯泰诺和马丁·李斯特曾一起在艾尔斯伯里伯爵的书房里解剖了一个牛头。艾尔斯伯里伯爵一生都对博物学表现出浓厚的兴趣，并于1685年成为英国皇家学会会员。由于艾尔斯伯里伯爵和马修·李斯特爵士这层关系，马丁·李斯特被马修·李斯特引荐给艾尔斯伯里伯爵。马丁·李斯特在一份名叫"杂录"的手稿中写道："我要向艾尔斯伯里伯爵表示敬意，他对马修·李斯特非常客气。"在艾尔斯伯里伯爵的书房中，马丁·李斯特共协助斯泰诺做了四次解剖实验。马丁·李斯特赞叹斯泰诺那干净利索、熟练的技术：用法语来形容，他是一个十分勇敢和真诚的人，也是一位真正的学者。在这里，马丁·李斯特描述的是理想中的法国"诚实的人"或绅士，不仅大胆、正直，而且彬彬有礼。在斯泰诺的实验中，马丁·李斯特尤其对解剖狗的肠内乳糜管和关于血管与乳糜在消化系统内的通道的实验感兴趣，简直到了着迷的程度。在17世纪80年代，马丁·李斯特和英国皇家学会的秘书威廉·马斯格雷夫又重复做了这些实验。

导师约翰·雷

在蒙彼利埃学习期间，马丁·李斯特有幸与杰出的博物学家和植物学家约翰·雷以及约翰·雷在剑桥大学三一学院教过的学生弗朗西斯·威洛比合作，弗朗西斯·威洛比当时正处在自己奇妙的旅行当中。约翰·雷和弗朗西斯·威

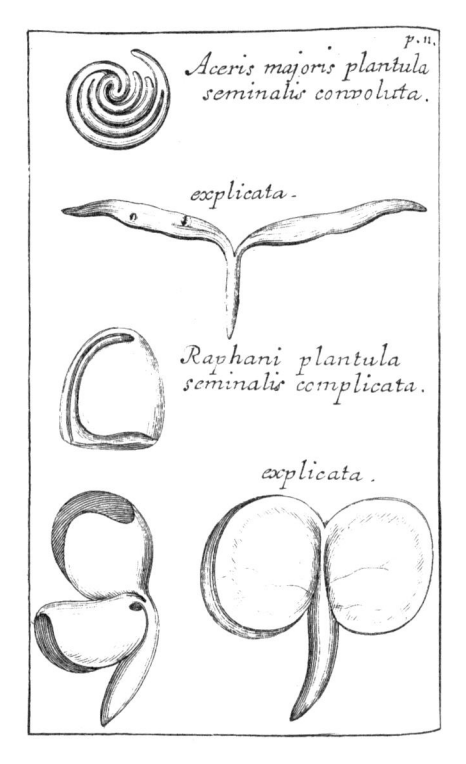

《新植物方法论》中子叶的图片

洛比在欧洲大陆做的田野调查成就了第一本鸟类学科学著作《鸟类学》(1678)，他们依据鸟的形态和类型特征将鸟划分成了不同类别。弗朗西斯·威洛比还编写了一本《游戏大全》，这本书可以说是休闲娱乐的"百科全书"，里面包括一个叫"记号"的游戏，玩家在游戏过程只需要"触碰标签""贴标签"和快跑。约翰·雷在他的《新植物方法论》中将植物分为单子叶植物和双子叶植物，子叶作为幼苗最初的叶子，其特征在很大程度上决定了成熟植株的外形。这是现代分类学发展过程中十分重要的一步。

虽然马丁·李斯特和约翰·雷在剑桥大学的时间有交集，约翰·雷在1649—1662年一直担任三一学院希腊文、数学和人文学科的研究员和导师，但目前没有任何书面证据可以证明他们在马丁·李斯特来法国之前就认识了（马丁·李斯特就读的圣约翰学院和三一学院相邻，所以他们有可能在剑桥大学就认识了）。此前，约翰·雷进行了三次不同的植物探索之旅，走过了英国大部分地区，其中两次是在弗朗西斯·威洛比陪同下进行的。1660年，约翰·雷将他们的研究成果编录成书并出版，该书名为《英格兰植物目录》。1665年12月，马丁·李斯特记录了他与约翰·雷相遇的情况：约翰·雷告诉马丁·李斯特，在约翰·雷的植物探险之旅中，他在法国见到的植物都能在英国找到。实际上，约翰·雷说他自己知道不少用英语就能叫得上名字的植物。马丁·李斯特也表示，"约翰·雷对欧洲大陆的植物非常满意，且他相信自己见过的大多数植物都生长在自然环境里"，并在它们的原产地生长。

随后，马丁·李斯特和约翰·雷在朗格多克-鲁西永[1]进行了一次博物探险之旅，他们还骑着马前往蒙彼利埃郊外的弗龙蒂尼昂[2]。在这里，他们享用了美味佳肴，品尝了当地的麝香葡萄酒和"液体葡萄干"，然后沿着埃斯唐的海滩继续前行，最终来到了一个生长着稀有植物的海角。约翰·雷在那里研究、鉴定白泻根和琉璃苣。

然而，这场既能品尝美酒又能采集植物的田园般旅行突然结束了。1666年2月1日，法国国王路易十四命令所有在法国的英国人必须在三个月内回到英国，以便为战争做好准备，这场战争是法国和西班牙之间就西班牙对西属尼德兰的所有权问题发起的战争，被称为遗产战争[3]。马丁·李斯特在蒙彼利埃医学院的学习生涯就这样被断然终止了。于是，他出发前往里昂，与他同行的有弗兰西斯·杰索普、亨利·桑普森医生、托马斯·克鲁爵士和剑桥大学三一学院的研究员彼得·维维安。在骑马到达巴黎之前，马丁·李斯特又遇到了约翰·雷、"穆林博士"（来自苏格兰阿伯丁[4]的詹姆斯·米尔恩）和菲利普·斯基庞爵士（奥利弗·克伦威尔之子，也是约翰·雷在剑桥大学教过的学生）。

---

[1] 朗格多克-鲁西永是法国南部一个大区，南邻加泰罗尼亚与地中海。

[2] 弗龙蒂尼昂是法国埃罗省的一个市镇，位于该省中部偏南。

[3] 遗产战争又名遗产继承战争，是1667—1668年法国与西班牙之间的一场战争，由西班牙国王费利佩四世的遗产分配问题引起。这是推行扩张主义国策的路易十四发动的第一次侵略战争。

[4] 阿伯丁是英国苏格兰地区的主要城市之一。

位于巴黎的皇家药用植物园，杰拉德·让-巴普蒂斯特·斯科廷（1671—1716）绘

在3月16日抵达巴黎之后，他们还遇见了迪奥尼斯·琼凯，他曾为皇家药用植物园的4000种植物编写了一本权威目录。皇家药用植物园始建于1626年，是为路易十三创建的，主要用来种植药用植物；后以其开设的植物学、动物学和树木学课程为特色，旨在培养有远大抱负的博物学家和医生。与蒙彼利埃植物园一样，皇家药用植物园是当时所有植物学家必会参观的地方，它是早期博物馆收藏体系的一部分，也满足了不少对植物感兴趣的古董收藏家的好奇心。如前所述，马丁·李斯特在他年迈的时候再次访问了巴黎，并完成了一本著名的巴黎博物藏品指南。正如他自己所言："只有亲眼看到和亲身经历创造的回

忆才能满足自己的好奇心，让自己愉悦。"

在1666年的愚人节，他们的植物学之旅结束了，约翰·雷和"豪利特先生、沃德博士"离开他们的住所，乘着"鱼车"从巴黎前往加来[1]。马丁·李斯特和菲利普·斯基庞爵士也准备一同前往加来。不过，他们不喜欢那种匆忙的旅行方式，而是花了一个星期的时间在路上观光旅行。他们最终并不是坐"鱼车"离开巴黎的，而是坐着更舒适、气味更小的马车，车上还有一位来自日内瓦的难民和曾拐走一名少女的年轻瑞士士兵。尽管有三个法国人在马车后面穷追不舍，但还是被瑞士士兵赶走了。菲利普·斯基庞爵士说："那个瑞士士兵来伦敦的时候，我碰上他了，我用意大利语问他的贝拉·唐娜在哪里，他说他已经把贝拉·唐娜打发走了，并说他现在有一个更漂亮的女孩。"

在离开法国之前，马丁·李斯特还有最后一件事要做：和一位小姐告别。和那位瑞士士兵一样，马丁·李斯特在法国也有一段情缘。在里昂时，马丁·李斯特一直和一位不知名的小姐通信，他在信中用（相对优雅的）法语写道：

> 小姐，如果没和你正式道别，我真不知道自己应该怎样离开法国。你在我心中是那么重要，无论我将来身在何处，你温文尔雅的举止都会永远留在我的心中。我可能马上就要回英国了，但是我会一直在那边热切地等待你的消息。可恶的战争！如此狠心地把我从幸福中抽离开来，让我痛苦不堪。亲爱的小姐，这封信是写给你的，也是写给蒙彼利埃一切美好事物的……愿你能时常挂念我，我会想各种方法让你收到我的信。

---

[1] 加来是法国北部的港口城市。

这是一段不为人知的罗曼史，正如马丁·李斯特在附言中声明的："请代我向蓬吉小姐以及她的母亲致意……但我不许你向我的小姐表示过多敬意，你知道她是谁。"至于马丁·李斯特到底有没有把信寄出去，或者那位小姐是否给马丁·李斯特写过回信，我们都不得而知，但可以确定的一点是：直到他去世，马丁·李斯特都把那封信存放在他的私人文件里。

从蒙彼利埃返回

回到剑桥大学之后，马丁·李斯特把他旅行中的支出记在了一个记事本上。他惊讶地发现，他在三年旅行中花掉了136英镑，这个金额几乎是当时一位学者好几年的收入。然而，马丁·李斯特还在等着他的汇票（那是一种近代早期的旅行贷款）。尽管根据记录，马丁·李斯特在离开剑桥大学的时候获得了一笔奖学金，但很显然的是，他的花费中有一小部分资金是他父母在马丁·李斯特即将成年时提供的。

在此期间，马丁·李斯特还对蛛形纲动物和软体动物进行了首次系统性观察，并对昆虫的"自然发生[1]"等争议话题形成了自己的观点。在刻苦钻研的同时，马丁·李斯特还和他的导师约翰·雷进行了富有成效的信件交流，这种交流持续了十年之久。从这些信中，我们可以看到他们两人的精彩讨论，思想的碰撞最终促成了马丁·李斯特在《英国皇家学会哲学会刊》上发表了他的第一篇论文，并使他开始对软体动物产生兴趣，这份兴趣后来又深刻影响了

---

[1] 过去流行的"自然发生"学说认为，不洁的衣物会滋生蚤、虱，污秽的死水会滋生蚊，肮脏的垃圾会滋生虫、蚁，粪便和腐臭的尸体会滋生蝇、蛆。总之，生物可以从它们所在的"物质元素"中"自然发生"，而不是通过上代此类生物繁衍产生。

他的女儿苏珊娜·李斯特和安娜·李斯特。马丁·李斯特还和约翰·雷就马丁·李斯特在新兴昆虫学领域发表的文献综述交换了意见，约翰·雷十分支持马丁·李斯特的工作。约翰·雷评论道："我拜读了你写给我的信。在读完这封信后，我感觉自己学到了许多知识，其中的表述具有重大意义。我还从这封信中感受到了你满腔的热情和激情，只有真正热爱这项事业的人才能这般认真。"

约翰·雷给马丁·李斯特的第一封信（现已丢失，仅以记录的形式保存了下来）写于1666年6月9日，里面描述了一些约翰·雷和弗朗西斯·威洛比在加来旅行时见到的植物。不久之后，1666年6月18日，约翰·雷到剑桥大学拜访了马丁·李斯特，和约翰·雷一同前往的还有药剂师、博物学家彼得·登特，他为约翰·雷出版《剑桥植物目录》做出了很大贡献。随后，他们两人与马丁·李斯特开始了一场植物标本搜集之旅。这场旅行从1666年6月持续到9月，他们从剑桥郡的希斯顿和法弗舍姆出发，前往歌革玛各山丘[1]，再到林肯郡，途中还游览了伯韦尔。

他们去林肯郡旅行，不仅是为了采集植物标本，也是为了躲避正在剑桥肆虐的瘟疫。马丁·李斯特大学时期的朋友托马斯·布里格斯安慰他说："据我所知，你所有亲戚在乡下都很好，所有大学也因为封闭管理而没有人受到感染，城里也只受到了很小的影响。"尽管到1667年，剑桥市有超过1000人死于鼠疫，但是从1665年7月2日到1666年8月的鼠疫死亡记录明确表示，所有大学当时都没有受到过瘟疫侵袭。疫情暴发也使得年轻的艾萨克·牛顿不得不离开剑桥大学，回到位于林肯郡的伍尔索普庄园。在那偏远的小村庄里，牛顿坐在那棵著名的苹果树下，就此改变了物理学，发明了微积分，用他在斯特布里奇集

---

[1] 歌革玛各山丘是一系列低白垩山丘，延伸至英格兰剑桥东南部。

市买来的棱镜发现了可见光的光谱。有人曾猜想,住在同一个郡的马丁·李斯特和牛顿也许知道彼此的存在。

马丁·李斯特有一本"野外笔记",记录着他们见过的植物和动物,这本笔记至今还保存着。他以约翰·雷的《剑桥植物目录》为指导,不停地将他在英国收集的标本和他在蒙彼利埃见到的植物进行比较。马丁·李斯特在伯韦尔的森林中观察到的一些植物到今天还能看见,包括羽衣草和山柳菊等。马丁·李斯特准确地记录了山柳菊的特征:约两英尺[1]高,小而圆、坚挺的茎;厚厚的叶子又长又尖,一片一片叠起来,从远处看,叶子和茎显得粗糙而多毛。

在他们结束了旅程之后,约翰·雷于1667年夏天到"埃塞克斯和苏塞克斯拜访了朋友",读了"一些在马丁·李斯特出国之后出版的博物学书籍",包括罗伯特·胡克的《显微制图》、著名化学家罗伯特·波义耳写的小册子、托马斯·席登汉关于发烧的著作、阿塔纳修斯·基歇尔的《地下世界》(1664—1665)。在阅读的间隙,约翰·雷将植物、鱼、鸟类、石头还有他和弗朗西斯·威洛比一起发现的其他稀有物品进行分类,并告诉马丁·李斯特:"我希望你能在这个夏天下功夫研究草,这样我们就能够对比笔记,而我就能弄清楚并完善它们的历史了。"

马丁·李斯特在那时不仅对草感兴趣,还对他父母在伯韦尔和剑桥的家附近的昆虫和蜘蛛感兴趣。人们可能会说这是他的"兴趣转移了",但其实不是这样的。因为,在近代早期,博物学的所有分支都是相互联系的,博物学家对大自然存在的所有事物进行研究。马丁·李斯特曾说:"为了完善博物学、为了让我们的博物学家精通植物学,我们必须对自然界的事物进行记录。"动物

---

[1]　1英尺=30.48厘米。

学、植物学、昆虫学和鸟类学被视为博物学的一部分，宇宙学、地理学、地质学和气象学也是博物学的一部分。很多像马丁·李斯特这样的近代早期医生是非常著名的博物学家，他们认为了解掌握博物学知识是认识世界的最佳途径。正如马丁·李斯特在他笔记中所写：我必须承认，就个人而言，我非常感谢研究昆虫给我带来的帮助，因为这不仅锻炼了我的思维，也训练了我观察事物的敏锐程度。如果你也愿意研究昆虫的话，你就会发现这些都是在医学实践中非常有用且必备的技能。从1666年9月到1668年或1669年2月，马丁·李斯特都在剑桥大学，他不仅潜心钻研医学，还对矿物、植物、昆虫、软体动物、蜘蛛、鸟类和鱼进行研究。

马丁·李斯特在1668年3月25日写给约翰·雷的信中，除了讲到他对自然界广泛的观察，还在结语中透露出他们两人对"自然发生"问题的关注。马丁·李斯特写道："我记得自己曾经问过你对阿塔纳修斯·基歇尔的评价。在《地下世界》中，基歇尔谈论到了昆虫'自然发生'的现象，而我对这个观点深表怀疑。"

在这一点上，约翰·雷比马丁·李斯特更不认同"自然发生说"的科学性。他在给马丁·李斯特的回信中写道："我对基歇尔没有什么看法，我也无法确切地判断昆虫能否'自然发生'。"基歇尔在《地下世界》最后一册中讲述了"自然发生"理论，该理论的核心是一颗具有可塑力量的种子，能够赋予每一个生命体以形式：外形和颜色。种子有两种类型，一种形成了矿物和其他无生命体，另一种形成了动植物和昆虫。基歇尔称，每一个生命体中都存在"精子力"，这一力量因种子的不同而具有生命个体性，并扩散到它们全身。如果这颗种子是在动物死亡时从它的身体上掉落下来的，那么它就会失去其原本的力量和本质，从而成为一颗独立的种子。基歇尔认为，昆虫可以从腐烂的动物、植物或昆虫尸体中未加热的"分离种子"中"自发产生"，但是因为它们"潜热"较少，所以形态上会比前身更加退化。

基歇尔提出的理论的前提以及"自然发生"的概念成了早期英国皇家学会的热议话题。英国皇家学会的第一次会议于1660年11月28日举行，邀请了格雷莎姆学院[1]的建筑师和艺术大师克里斯托弗·雷恩为大家做讲座。随后，英国国王查尔斯二世向英国皇家学会颁发了特许状，旨在希望"新自然哲学"能够就此打开大自然奥秘的大门，为国家做出贡献。尽管英国皇家学会以其提高自然知识的使命而闻名，但实际上，当时，大多数英国皇家学会会员都是对学会秘书罗伯特·胡克组织的趣味实验感兴趣的绅士。正如托马斯·伯奇的《英国皇家学会详史》（一本关于英国皇家学会的详细记录）向我们展示的那样，巨型牛犊、长着两个头的小猫、形状奇异的石头、发光的磷、磁铁和静电都是被广泛讨论的主题。事物的本质，以及其内在是否具有重要原则、是否受制于神赋予的运动都是备受会员关注的严肃话题。这些话题还引发了关于化石的争论：到底是"自然发生"塑造了与生物体形态相似的石头，还是这些在灭绝过程形成的化石遗迹本身就是一种异端？托马斯·霍布斯[2]等唯物主义者认为物体的运动是自发的，而这一观点遭到罗伯特·波义耳等博物学家反对，他们担心"新自然哲学"会与无神论联系在一起。

　　了解了上述背景，我们就不会惊讶于为什么会在英国皇家学会会员约翰·雷和马丁·李斯特的信件中看到关于"自然发生"之类的话题了。1661年5月，英国皇家学会成立了委员会，并在罗伯特·波义耳的住所举行了会议，旨在建立图书馆和研究昆虫繁殖的奥秘。委员会成员包括约翰·威尔金斯[3]、

---

[1]　格雷莎姆学院是一所高等教育机构，不招收学生，也不会授予任何学位。它根据托马斯·格雷莎姆爵士的遗嘱于1597年成立，每年举办多场免费公开讲座。

[2]　托马斯·霍布斯是英国的政治家、哲学家，创立了机械唯物主义的完整体系。

[3]　约翰·威尔金斯是英国圣公会的神职人员，自然哲学家和作家，也是英国皇家学会的创建者之一。

塞斯·沃德[1]、克里斯托弗·梅雷特[2]、亨利·奥登伯格[3]、约翰·伊夫林[4]等。1663年，英国皇家学会会员对奥尔兰公爵提出的"腐烂的蔬菜中产生动物"的说法进行了检验。约翰·伊夫林在实验中堵住动物尸体的血管、割掉它们的肉，看是否会有昆虫出现；用奶酪和麻袋做实验，测试是否会产生蛆；1665—1668年，罗伯特·波义耳策划了一系列与"自然发生"有关的实验，实验有两种方式：一种是在装着普通空气且密封的玻璃杯中进行，另一种是在杯中空气耗尽时便被密封起来的玻璃杯中进行。波义耳这样做是为了验证一个假设：动物潜在的能力可能在没有空气的条件下被激发出来。波义耳的实验也间接地预示了弗朗西斯科·雷迪的实验及其1668年在佛罗伦萨出版的《关于昆虫生成的实验》的诞生。

马丁·李斯特在蒙彼利埃也曾读过弗朗西斯科·雷迪的作品。在书中，弗朗西斯科·雷迪直接批判了基歇尔的"自然发生说"。马丁·李斯特可能认同弗朗西斯科·雷迪的一些观点。马丁·李斯特对"自然发生说"的思考促使他思索化石究竟能否由石头或矿物自发生成，以及化石的形状是本质突变的结果还是维持了生物遗骸的形态。

马丁·李斯特在《英国皇家学会哲学会刊》中撰写的第一篇文章是（1669）约翰·雷帮他提交的，这篇文章提出了反对"自然发生说"的观点。这篇文章以马丁·李斯特对蜗牛的观察为开端，介绍了蜗牛壳上的螺旋线是顺

---

[1] 塞斯·沃德是英国数学家、天文学家和主教。

[2] 克里斯托弗·梅雷特是英国医生和科学家。他是第一个记录有意添加糖用于生产起泡酒的人，并制作了第一批英国鸟类和蝴蝶的标本。

[3] 亨利·奥登伯格是自然哲学家，科学同行评审制度的提出者。

[4] 约翰·伊夫林是英国作家，也是英国皇家学会的创始人之一。

时针旋转或逆时针旋转的现象及其繁殖特点。正如大多数人都是右撇子一样，许多蜗牛的壳上的螺旋线都是顺时针旋转的，但是马丁·李斯特研究的蜗牛存在例外情况。在一群蜗牛壳上的螺旋线顺时针旋转的蜗牛中，蜗牛壳上的螺旋线逆时针旋转的蜗牛显然发生了罕见的基因突变。因为生殖孔的方向发生了改变，使得它们虽然可以交配，但是非常困难。稀有的数量也使这些基因突变的蜗牛有着"蜗牛之王"的称号，它们的壳就成了许多收藏家眼中的珍品。

早期的博物学家常常忽略了蜗牛壳的手性[1]问题。因为那个时候版画在印刷时都是从左往右翻转过来的，除非有人反过来画，否则所有版画都会以样本镜像的形式呈现出来。因此，版画中的贝壳通常是反方向印刷或对称排列的，这样做纯粹是为了做出引人入胜的设计。对称性是非常重要的设计原则之一，在关于艺术哲学基础的文献中被广泛提及，通常出现在帕拉第

马丁·李斯特在《英国皇家学会哲学会刊》上发表的第一篇文章的部分页面。他通过约翰·雷匿名提交了这篇文章，以观察读者的反应

---

[1] 手性指一个物体与其镜像不重合。

弗朗茨·迈克·雷根福斯的《蜗牛、双壳类和其他贝类》（哥本哈根，1758）插图，将贝壳背侧和腹侧以对称性排列的方式展示出来，令人赏心悦目

奥[1]式和维特鲁威[2]式建筑中。即使当时的人们注意到"手性",也往往是由于错误的原因。约翰·雷对马丁·李斯特说,学者们有一种荒谬却坚定不移的信念:所有生活在赤道以北的蜗牛的壳的螺旋线都是顺时针的。

马丁·李斯特是第一个在论文中否定这种说法且注意到蜗牛壳的螺旋线"手性"的重要性的人,因为他多年以来一直在观察蜗牛。马丁·李斯特在论文中指出,蜗牛壳的螺旋线顺时针旋转的蜗牛标本小而脆弱,以至于他没办法把它寄给约翰·雷看,而且这种蜗牛颜色微暗。他还写道:蜗牛壳的开口很圆,第二个圈所占比例很大,后面的圈慢慢缩小,直到变成了一个点。马丁·李斯特很可能观察的是一种在英国很容易找到的"烟管蜗牛"。这些角楼状的小蜗牛通常生活在潮湿的落叶林的树底部。这种蜗牛通常是褐色的,身长一般不超过20毫米,有一个小小的活板,当蜗牛从外面的世界缩回蜗牛壳里的时候,活板就会关上。不难看出,马丁·李斯特对蜗牛这种微小生物的壳"手性"的观察,对他后期作品的成功和对他女儿们在科学插图绘制上的指导都是至关重要的。

马丁·李斯特在《英国皇家学会哲学会刊》上发表论文的过程中,与英国皇家学会秘书亨利·奥登伯格(1619—1677)进行了大量书信往来。有一次,马丁·李斯特给亨利寄了一盒昆虫和蜗牛壳螺旋线顺时针旋转的蜗牛。亨利·奥登伯格说在他收到包裹的时候,麻蝇已经被晃得不成样子了,而好奇心满满的小蜗牛却安然无恙。亨利·奥登伯格非常耐心地支持着像马丁·李斯特这样在偏远地区工作的人。值得一提的是,马丁·李斯特为向偏远地区的医务

---

[1] 安德烈亚·帕拉第奥是文艺复兴时期意大利北部杰出的建筑大师,也是历史上第一位完全以建筑和舞台设计为主业的职业建筑师。

[2] 马尔库斯·维特鲁威·波利奥是古罗马的作家、建筑师和工程师。

"烟管蜗牛"

人员、牧师和绅士介绍伦敦和英国皇家学会的价值观及传统付出了许多努力。亨利·奥登伯格鼓励马丁·李斯特将他在博物学上的研究成果贡献给《英国皇家学会哲学会刊》。最终,在英国皇家学会的支持下,马丁·李斯特发表了60多篇论文,并出版了几本书。他还于17世纪80年代担任英国皇家学会的副会长。马丁·李斯特与奥登伯格及其他学术界人士的广泛联系为他后来收集用来绘画和雕刻铜版的贝壳标本带来了巨大的帮助。

到这个时候,马丁·李斯特已经是一位能独立从事研究工作的成熟的博物学家了。为了将来能继续发表文章,马丁·李斯特继续从事昆虫和蛛形纲动物的田野调查工作,但此时的他显然已经有了新的想法。约翰·雷在1668年10月31日给马丁·李斯特写了一封信:

> 我已经收到了你最近一次和先前的来信,里面你列出了近期观察到的30种蜘蛛的名字。当然,我很钦佩你高超的技能和勤奋的品格,你能在这么短的时间和如此有限的范围内发现这么多种蜘蛛,让我深感震惊。你是怎么在这么艰难的时期里找到空闲时间的呢?你的心思应该已被各种让人忧虑和焦虑的事情弄得心神不定、左顾右盼,根本

马丁·李斯特:天生的科学家

无法全身心地投入任何研究中才对。

这些让人焦虑的事情导致马丁·李斯特在1668年离开了剑桥。尽管他对博物学和奖学金都很感兴趣，尤其是奖学金可以供他在"标本旅行"中"单纯地"收集标本，但是马丁·李斯特正在考虑离开学校，去追求更加有利可图的医学事业。他之所以这样做，是因为马丁·李斯特在圣约翰学院的奖学金不是医学领域的，而且他没有接受普通学生要担任的神职，所以他很可能是迫于压力离开的。这一压力可以从约翰·雷给马丁·李斯特写的信中看出：

  在我也收到奖学金的消息后，我立马就想到：你已经接受了"圣礼"，因为"圣礼"是获得这个所谓的"奖学金"的一个条件。但是……索思先生告诉我，这不是你和令尊的本意。你也在信中说过，初春时你一直在等待令尊的指示，要求你准备离开大学去行医。

爱情的科学

马丁·李斯特之所以想离开剑桥还有另一个原因。如果他留下来，他将成为一个单身汉，因此他另有计划，那就是和哈娜·帕金森结婚。哈娜·帕金森（1645—1695）住在西约克郡斯基普顿附近克雷文区的卡尔顿老宅，那里离温特伯恩大概有5千米，这是马修·李斯特赠予马丁·李斯特的修道院管辖的地产。1669年夏天，马丁·李斯特去那里旅行，在他参观这栋独自坐落在约克郡山谷中的独特的房子时，他很可能遇见了他的准新娘，并在日后称她为"亲爱的哈特"。

这个时期对马丁·李斯特一家来说是悲惨的。马丁·李斯特的母亲行将就木，在当年11月便离开了人世；马丁·李斯特的父亲也身体欠佳，他已经开始安排身后事了。早在一年前，马丁·李斯特的父亲老马丁·李斯特（于1670年逝世）送给梅尔顿莫布雷的圣玛丽教区教室一个华丽的纯银圣杯和一个纯银的大酒壶，总重达3.5磅[1]。马丁·李斯特认为，在父母离开人世之前，自己的婚事是当务之急。或许，他也意识到：如果没有母亲或妻子，他就没有机会吃到野味派，也没有女性陪伴了。

尽管马丁·李斯特可能纯粹是因为住得近而与哈娜·帕金森结识的，但他们更可能是因为帕金森一家和李斯特一家长久建立起来的关系而相识相恋的。马修·李斯特在查尔斯一世的皇宫里当御医时，是约翰·帕金森的邻居，也是他的密友。约翰·帕金森是一位皇家草药医生、药剂师和园丁，他最著名的著作是《植物剧院》（1640）和《人间天堂》（1629），"人间天堂"是指沐浴阳光的植物园。马修·李斯特和西奥多·德·迈耶尼在宫廷里十分推崇约翰·帕金森的《植物剧院》。这本书是17世纪出版的有关药用植物的重要书籍之一，象征着园艺学和公共医学的诞生。迈耶尼评论说："约翰·帕金森的书深入植物学的本质，仔细讲解了植物对人的益处。约翰·帕金森如此巧妙地揭示了大众可以使用的草药……使英国同胞有机会接触大自然宝库中最珍贵的部分。"马修·李斯特还给约翰·帕金森提供了一些他从威尼斯得到的中国大黄的种子，世界上最好的药用大黄就产自中国，它被视为最有效的泻药之一，是17世纪的常用药物。约翰·帕金森是最早描述大黄栽培方法的欧洲学者之一。在17世纪，欧洲植物学家的目标之一就是在家里成功种植大黄。在英国内战期间，马修·李斯特和约翰·帕金森都是狂热的保皇派，因此李斯特家族和帕金森家族很有可能是因为他们过去的友谊和政治忠诚而彼此熟悉。哈娜能够

---

[1] 1磅约等于0.453 6千克。

理解她的丈夫在博物研究方面的兴趣，他们看起来是格外契合的一对夫妻。马丁·李斯特在剑桥大学读书时结交的老朋友托马斯·布里格斯向他表示祝贺：在我认识的人里，没有一个能像你一样，找到一位如此合得来的妻子，过得如此幸福。

马丁·李斯特和哈娜在一起的消息显然传到了伯韦尔，他的妹妹简·李斯特在1669年8月31日写信给马丁·李斯特，她开玩笑地抱怨道：

> 亲爱的哥哥，我不得不责怪你，你把承诺忘得一干二净，连自己的近况都没告诉我们。我敢说，我们已经一个月没有收到你的信了，而你之前承诺每个星期都给我们写信。我也不知道该怎么说，确实，你给我找了一位"新姐姐"，如果你非常在乎她，我也很开心，但是，任何事情都不能为你的失信辩解。

1669年8月15日，当马丁·李斯特和哈娜在约克郡结婚的时候，简·李斯特确实有了一位"新姐姐"。

马丁·李斯特在约克郡

1670年春，这对新婚夫妇搬到了位于约克郡克雷文区的卡尔顿老宅，绿色的山丘勾勒了沃尔夫河[1]和埃尔河风景如画的河畔。对一位博物学家来说，这样的环境是极具吸引力的。这座僻静的老宅成为马丁·李斯特和哈娜可以安静生活的住处，哈娜在那里怀上了她的第一个孩子。1670年3月，马丁·李斯特告诉

---

[1] 沃尔夫河是英国约克郡的一条河流。

约翰·雷，他必须带着妻子到位于克雷文的丈母娘家里，他会在克雷文度过那年夏天的大部分时间。马丁·李斯特的大女儿苏珊娜·李斯特出生在卡尔顿，并于1670年6月9日受洗。1670年7月17日，马丁·李斯特的朋友约翰·雷在给马丁·李斯特的信中提到："请代我向你的夫人表示我的歉意，我希望她此时已经平安，也希望你已经有了一位漂亮的女儿。"在苏珊娜·李斯特出生之后，马丁·李斯特认为约克是他开展医学实践的理想场所。

约克不仅离克雷文很近，而且是一个人口达12 000的大城市，可以面向广大农村地区提供服务。因此，医生在这里具有非常可观的经济前景。这里不仅是消费中心，也是英格兰北方的时尚中心和有品位的社交中心，可以给年轻的马丁·李斯特带来智力上的启发和陪伴。1660年，定期的马车服务已将约克与

《古老又忠诚的约克》（细节），由威廉·洛奇绘制。威廉·洛奇是"约克古董收藏家协会"的一员，也是马丁·李斯特早期合作的插画师之一

伦敦连接起来。作为一个行政中心,约克拥有着重要的法院和巡回法庭。这意味着在社交季节,这里会举行大量礼仪晚宴,王室成员也会偶尔到访。到1669年,在许多中世纪半木结构的房子和铺满鹅卵石的狭窄街道旁的商店之间,一些新的咖啡馆开张了。许多著名旅馆也陆续开业,其中包括科尼街上的乔治旅馆和彼得斯盖特街上相当宽敞的塔尔伯特旅馆。

约克有繁荣的艺术和文学传统。当地有两家印刷商:爱丽丝·布罗德和斯蒂芬·巴尔克利。这意味着马丁·李斯特在未来可以在约克自费出版书籍,而不用把他的作品拿到伦敦出版。当地的绅士会赞助画家、雕刻家和雕塑家,被赞助的艺术家包括埃德蒙·霍斯利、安德鲁·基恩和格林林·吉本斯[1]等。当地的工匠也会被邀请去装饰和修缮宏伟的约克大教堂。教堂北侧有一个非常漂亮的圆形房间,房间里有着美丽的手绘玻璃窗户。在17世纪,埃德蒙·盖尔斯和亨利·盖尔斯(1640—1709)领导了约克的玻璃绘画学派。自15世纪起,盖尔斯家族就是约克郡的玻璃匠世家。

在马丁·李斯特到达约克的时候,亨利·盖尔斯被大家称为"诚实的哈利",他在位于米克莱盖特大街的家中建立了一个文学和艺术沙龙,叫作"约克古董收藏家协会"。马丁·李斯特后来加入了这个团体,一同加入的还有艺术家弗朗西斯·普莱斯、威廉·洛奇、约翰·兰伯特,古董收藏家拉尔夫·索尔斯比、迈尔斯·盖尔,艾莫特巴韦克[2]教区的牧师乔治·普拉克斯顿,数学家托马斯·柯克,以及弗朗西斯·普莱斯的堂兄约翰·普莱斯医生和出版商兼印刷品销售商皮尔斯·坦普斯特。

---

[1] 格林林·吉本斯是英国雕塑家和木雕艺术家,他的作品遍布温莎城堡、汉普顿宫、圣保罗大教堂和其他伦敦教堂,以及牛津大学三一学院和剑桥大学三一学院。

[2] 艾莫特巴韦克是西约克郡的一个村庄。

马丁·李斯特在化学和颜料方面的专业水平日渐提高，这使他能够和亨利·盖尔斯一同在英国皇家学会研究颜料和有色玻璃，英国皇家学会对亨利·盖尔斯的一些观察结果进行了讨论，并将其发表在《英国皇家学会哲学会刊》上。亨利·盖尔斯曾试图从胭脂虫的外壳中提取出一种浓烈的朱红色颜料，因为从瓦哈卡[1]的胭脂虫中提取的鲜艳颜料非常昂贵。在殖民时代的墨西哥，胭脂虫是继银之后价值第二高的出口商品。因此，制造出廉价的朱红色颜料是英国皇家学会早期迫切想要实现的事情。亨利·盖尔斯为牛津大学和剑桥大学绘制了几幅玻璃画。马丁·李斯特提到亨利·盖尔斯的时候曾这样说："我敢说，他是欧洲玻璃画家中最杰出的一位，其作品在英格兰是出类拔萃的。他是一个非常谦逊的人，值得所有人的鼓励。"其中的"鼓励"也许和亨利·盖尔斯的实验有关，亨利·盖尔斯在自己的一份手稿中描述了自己做的一个给铜版上色并将其转移至玻璃上的实

马丁·李斯特的邻居、朋友——艺术家亨利·盖尔斯的肖像画，这是威廉·理查的作品。图中文字为：窗户上的玻璃绘画，如《武器》《晴天》《历史》《山水》等都是居住在约克的亨利·盖尔斯的作品

---

[1] 瓦哈卡是墨西哥瓦哈卡州的一座城市，也是该州的首府。

验，这份手稿现今保存在剑桥大学的图书馆中。

弗朗西斯·普莱斯曾在约克的国王庄园里拥有几套公寓，他是铜版印刷的先驱之一，也参与了有关陶器化学、石器上釉和瓷器制造的实验。因此，他很可能和亨利·盖尔斯进行过交流。亨利·盖尔斯在结识了约翰·普莱斯这样一位在佛罗伦萨宫廷当医生的朋友后，可以在威尼斯的玻璃厂里寻找化学药品和玻璃。约翰·弗朗西斯科·维加尼（约1650—1712）是一位意大利化学家，也是剑桥大学的第一位化学教授，他也与亨利·盖尔斯取得了联系，并委托亨利·盖尔斯制作一对以他的盾形徽章为特色、有象征意义的彩色玻璃画。弗朗西斯·普莱斯是一位技艺娴熟的地形绘图师、水彩画家和铜版雕刻家。皮尔斯·坦普斯特和约克的印刷商圈子有紧密的联系，比如北方各郡的皇家印刷商约翰·怀特。在约克，当马丁·李斯特决定为他的博物作品配上插图并出版时，他身边的朋友恰好可以提供帮助。

1670年10月，马丁·李斯特一家搬到了亨利·盖尔斯家附近米克莱盖特酒吧区附近的一栋房子里。米克莱盖特大街位于乌兹河以西，相较乌兹河以东，这里面积更小、人口更少。约克大部分的公共建筑（如城堡、市政厅和郡政府大楼、国王庄园、大教堂和小教堂都建在河东岸）将约克和国家教会、国家机构连接起来。城市东部的居民是公民住户和自由民，拥有政治、经济特权和责任，同样拥有这些特权和责任的还有当地的专业人士和绅士。

相比之下，马丁·李斯特居住的约克西部地区的住房则更为简朴。除了议会厅和作为济贫院的圣托马斯医院，这里最突出的特点就是米克莱盖特酒吧区本身。它有一个长方形的石头门楼，是守卫约克的重要出入口之一。从约克到利兹的主干道沿西南方向穿过米克莱盖特酒吧区，离通往罗马时代留下的埃博拉库姆遗址的入口很近。米克莱盖特酒吧区是公民的活动中心。传统规定，当国王访问约克时，他必须在米克莱盖特酒吧区停下，并在获得市长的允许之后才能进入城市，这一规定是对其独立公民统治的认可。更令人毛骨悚然的是，城市入口处摆放着叛徒的头颅，提醒着公民统治的权威性。就其财富水平而言，米克莱盖特酒吧区本身是一个中等行政区，在1672年，大多数家庭都有三个灶台，居民大多是店主和工匠。对于年轻的马丁·李斯特和刚建立的家庭来说，考虑到新的工作和所有随之而来的业务开支，在这里生活的确是一个谨慎的选择。

执业医师

马丁·李斯特似乎很快就融入了他的专业圈子中，成为约克医生团体的一员，与他们携手维护自己的权利。马丁·李斯特在对他们合力撰写的文章审查后发现，这些医生受约克大主教[1]管辖，约克大主教向他们颁发行医执照。约克医生协会的会员同意就医疗问题相互咨询，且一视同仁对待贫穷的病人和富有的病人，签署该份协议的七位医生还任命了一位检查员。医生们每月与约克的药剂师共进晚餐，这既是为了维护他们的专业界限和特权，也是为了加强合作。在那个时代，医生处在一个竞争激烈的市场中，内科医生、外科医生、药剂师和占星师都在争夺生意。在这样的大环境下，有执照的医生通常处在职业金字塔的顶端，他们认为药剂师的地位要低于医生，而药剂师常常暗中削弱医生的权威，抢走他们的生意。在约克，药剂师会在没有医生处方的情况下，应顾客的要求混合配药。医生则利用这一点，起诉配药的药剂师，药剂师则会联合抵制起诉药剂师的医生，以此向医生反击。

药剂师和医生之间的职业竞争不仅存在于约克，这种情况普遍存在于其他地区，而1701年发生的"罗斯案"使伦敦的医生和药剂师之间的竞争变得更加

---

[1] 约克大主教是英国圣公会的最高神职人员之一，地位仅次于坎特伯雷大主教。

激烈。威廉·罗斯是一名药剂师，他主要在伦敦的圣马丁田野附近开展业务。在没有医生指导的情况下，他给当地的一位屠夫开了药，且只收处方费，不收医嘱费。英国皇家内科医学院根据《伦敦医师宪章》向王座法庭起诉罗斯的行为，因为《伦敦医师宪章》规定禁止任何非学院成员在伦敦及其周边7英里[1]范围内行医。虽然最初的判决对英国皇家内科医学院有利，但令他们大吃一惊的是：上议院最终推翻了这一判决，转而支持罗斯和药剂师协会。上议院之所以如此判决，是因为他们认为禁止药剂师开具处方药和提供医嘱与社会习俗和公共利益背道而驰。这一案件深刻地改变了医生和药剂师之间的关系，鼓励药剂师也成为处方药的提供者。但是，当马丁·李斯特在约克郡的时候，医生和药剂师仍在进行激烈的竞争。

马丁·李斯特在约克和伦敦行医期间用来当作记事簿的五本年历至今还保存着，里面展示了他行医的过程，并且详细记录了他的顾客和收费情况。马丁·李斯特将他所有的账务情况都写在印刷好的年历上，在日期旁边写下患者的名字和费用。1676年的年历显示，马丁·李斯特那时给每位病人看病会收取5—10先令的问诊费，相当于现在的38—76英镑。对于特别严重的病症，比如1676年1月12日里彭先生患的疾病，马丁·李斯特收取了2基尼（相当于42先令）的问诊费，但是这笔高额的费用在里彭先生的仆人与马丁·李斯特礼貌协商后略有减少，仆人们每人都拿到了1先令。马丁·李斯特也经常免费给生病的孩子治病，还有那些长年在外居无定所的人或者是看不起病的人，比如船主和卖牡蛎的人，他们都能够得到马丁·李斯特的免费治疗。1676年，马丁·李斯特收取的问诊费大约是17世纪英国医生的平均水平10先令。作为比较，伦敦的顶级医生理查德·米德（1673—1754）当时给像艾萨克·牛顿这样杰出的人看

---

[1]　1英里=1.609千米。

病时要收费1基尼（相当于21先令）。马丁·李斯特当时并不是在伦敦坐诊，而且他才刚刚开始自己的事业。从1676年1月到6月，马丁·李斯特每个月要看30到40位病人，到了7月，因为他要度暑假（17世纪70年代通常在克雷文度过，80年代在巴斯或法国度过），病人的数目减少了一半。从8月到12月，他又恢复到了平均每天看一位病人的水平。因此，马丁·李斯特每年的收入大约是150英镑，其价值相当于现在的280 400英镑。从格雷戈·金根据1688年的数据制作的资料来看，尽管马丁·李斯特行医的收入不如一位绅士的收入（280英镑）多，但是和一位律师的收入（154英镑）是不相上下的。加上家庭财产带来的额外收入，马丁·李斯特的总体收入和一位绅士差不多。

虽然马丁·李斯特没有在记事簿中描述病人的主诉或是具体的治疗过程，但在他1676年的记事簿中，有八页笔记记录了他日常开的药物。这些药物大部分都是传统草药疗法和老普林尼、帕拉赛尔斯式及海尔蒙特式化学药剂的混合物，这些疗法是马丁·李斯特从蒙彼利埃的标本之旅和一些希腊文、拉丁文的权威著作——《药因论》和《药物发现》中获得的启示。作为一位博学的医生，马丁·李斯特会给他的病人放血，然后用净化剂或催吐剂来排除"不干净的体液"。如果这些治疗方法都无效，那么他会配制更精细的草药和化学药物。

马丁·李斯特的草药治疗法主要使用蓬子菜，卡尔培柏[1]曾在他的《草药》中记载，将这些药物注入人体，可以起到有效的在体内和体外止血的作用，这些药物怡人的气味，使它们也可以被用作填充床垫的材料。从植物中提取的轻度酸性蒸馏物和明矾结合之后可作为止血液的基础成分之一，这种止血液由马丁·李斯特发明，并在1673年末被送到英国皇家学会接受了更全面的测验。他在约克开展实验，向他的医生同人演示了这种药物的使用方法。他打开一条狗的动脉，然

---

[1] 尼克拉斯·卡尔培柏是英国植物学家、医生和占星家。

后用蘸上止血液的亚麻布包裹伤口，没有一滴血流出来，甚至可以说，血在一刹那间就被止住了。

马丁·李斯特还在他的记事簿中的一页列出了动物头部和角的名字，比如驯鹿的角、赤鹿的角和"海洋独角兽"的长角。近代早期，化学家用赤鹿的角制作氨。氨被用来刺激大脑，使昏厥的人苏醒过来。"海洋独角兽"那美丽的螺旋形角实际上就是独角鲸的长牙，但是这经常被描述为独角兽的角。因为"海洋独角兽"的角被人们认为是一种珍贵的解毒剂，一些毫无原则的药剂师利用这一点来欺骗百姓，而担心被毒杀的王室成员则用这种角制作碗和勺子。

记事簿中还有四页马丁·李斯特开具的化学药的处方，这些处方显示了他在蒙彼利埃医学院受到的医学训练对他产生的不可忽视的影响。如果病人多次大量服用包含锑在内的混合药物，就会中毒。马丁·李斯特将锑作为净化剂来排除"不干净的体液"，以酒石酸锑钾（吐酒石）给药。李斯特还把这种药物作为祛痰药使用。吐酒石被病人服用后，

"海洋独角兽"的角被认为有药用价值。药剂师通常用独角鲸的长牙代替"海洋独角兽的角"，将其磨成粉用于治病。这个安装在橡木架子上的象牙店的招牌制作于1700—1800年，可能产于英国或荷兰

直接作用于胃壁，引起呕吐，被吸收后继续在人体内发挥这种作用。锑被摄入后，会通过支气管黏膜被排出体外，通过增加黏液的分泌量，起到祛痰的作用。自16世纪晚期以来，化学医生提倡使用锑的方法一直饱受争议，甚至成了盖伦派医生和帕拉塞尔斯派医生争论的焦点。许多大学都反对它出现在药典中。巴黎大学作为盖伦主义的堡垒，与蒙彼利埃医学院展开了激烈的学术争论。在1660年以前，巴黎大学一直禁止他们的医学毕业生使用锑。然而，由于这项禁令未得到充分执行，巴黎大学不得不重复强调它。17世纪上半叶，马修·李斯特的朋友西奥多·德·迈耶尼领导的英国皇家内科医学院开始提倡使用锑。马丁·李斯特在治疗狂犬病的时候，将含三氯化锑的化学药品同一种含小龙虾眼睛的盖伦式传统混合药物结合起来使用。他记事簿中记录的化学药品还包括："盐硝"，一种用于治疗喉咙痛的精炼硝酸盐和苏打的混合物；"甘汞"（汞盐，通常是氯化汞）可用作泻药；含铜硫酸化合物可用作催吐剂、止血剂和腐蚀剂；一种腐蚀性的抗癌药膏。

马丁·李斯特的记事簿见证了他在约克进行的成功的医疗实践，这主要得益于他在草药和化学药物方面的专业知识。他不仅可以为病人提供他们期望的传统盖伦式草药疗法，还可以用更具创新性和药效更强（未必更有效）的帕拉塞尔斯疗法来展现他的专业技能。随着他在约克的名声越来越大，越来越多高收入患者前来求医。随着时间推移，如他1692年的记事簿所呈现的那样，随着病人阶层改变和他自己的名气越来越大，马丁·李斯特获得的问诊费也有了显著增加。17世纪90年代，马丁·李斯特的诊所搬到了伦敦，在那里，他向病人收取的问诊费平均将近19先令，他的病人包括伊莱亚斯·阿什莫尔的妻子，蒙乔伊勋爵、斯特里克兰勋爵、金斯顿勋爵及他们的夫人和伍斯特主教。

不仅马丁·李斯特的事业正处在兴盛时期，他的家庭也兴旺发达，并经历着各种变化。在1671年或1672年1月到3月，马丁·李斯特一家离开了米克莱盖特酒吧区附近的房子，搬到位于石门的伦达尔大街上的一栋更宽敞的房子。石门位于较为富裕的约克东部地区，1672年，这个地区的壁炉税[1]高达25%。对于一个日益壮大的家庭来说，搬家是有必要的。1671年10月13日，马丁·李斯特的二女儿安娜（家里人叫她南希）出生了。

在约克的博物研究

在约克生活的岁月里，马丁·李斯特的研究兴趣和他的家庭一样也在扩大。与那个时期的其他博物学家一样，马丁·李斯特不仅对研究对象纯粹来自经验的细节感兴趣，他还乐于将自然世界同当地的传奇故事、宗教传说以及实际用途联系起来。自1667年以来，约翰·雷一直是英国皇家学会会员，依据学会最初的使命，他们应当以人的目标和活动为背景来研究自然。

1669年，马丁·李斯特给约翰·雷写了一封信，信中饱含了他对成为一名博物学家的热情和向往。马丁·李斯特写道：

> 在通过实验学习之前，每个人都有必要先精确而细微地区分事物，了解事物可能由哪些不同部分组成；同样，我们也应该了解哪些方法能够最好、最方便地分离这些部分，了解它们能给人体和生活带来什么好处和力量；除了事物不同的本质外，所有这一切都将跟随着博物学发展的步伐而前进。

17世纪70年代初，马丁·李斯特将他的想法付诸实践，他利用自己对寄

---

[1] 在中世纪和近现代早期，某些国家按照家里的炉灶和壁炉的数量计税。

生现象的知识，创作了荷兰博物学家约翰·戈达特的《论昆虫》的注释版，并对其中的错误进行更正。只不过，这本书直到1682年才被印刷出来。马丁·李斯特在这本书的序言中写道："我对这些图案的设计非常上心，而且想要把它们呈现在铜版画上。我敢保证，这些铜版画是由英国最杰出的艺术家精心制作而成的，费用则是由我承担的。"他之所以如此上心，是因为他认为"博物学没有被公正对待，除了艺术家，很少有人会关注它，艺术家精彩的表现也因此永远无法得到相应的回报。因此，关注自然不仅是必要的，也是自然之美及其生命力所在"。在马丁·李斯特的眼中，博物学和那些记录着有机物基本特质及其美丽形态的精细的插图是密不可分的。马丁·李斯特的朋友弗朗西斯·普莱斯负责雕刻铜版，而插图很可能是马丁·李斯特绘制的。他以现实中的生物或以戈达特作品中的插图为原型，因为在他的手稿中可以看到蝴蝶、蜜蜂的草图，以及附有笔记的其他昆虫的生命周期草图。显然，马丁·李斯特后来把设计图交给弗朗西斯·普莱斯雕刻铜版。

在约克的这些年里，马丁·李斯特还把他的兴趣扩展到研究海洋生物相关的古生物学，尤其是海百合、海百合类化石，这一兴趣结合了分类学中的分类法、化石遗迹的来源及关于它们的民间传说。他的这些调查又促进了他对贝类的兴趣，以及他和女儿们在贝类学方面的研究。

马丁·李斯特在1673年《英国皇家学会哲学会刊》上发表的一篇论文中提到，他在约克郡的布劳顿和斯托克村发现了"岩石植物"。前文提到，他的妻子哈娜继承了当地克雷文区卡尔顿的一栋房子，因此马丁·李斯特对那里的地质奇观非常熟悉，比如马勒姆山丘[1]、歌达峭壁[2]和克雷文断层。（今天，在马

---

[1] 马勒姆山丘是一个巨大的弧形石灰山石壁，是英国一处著名的徒步旅游胜地。

[2] 歌达峭壁是当地著名景点之一。

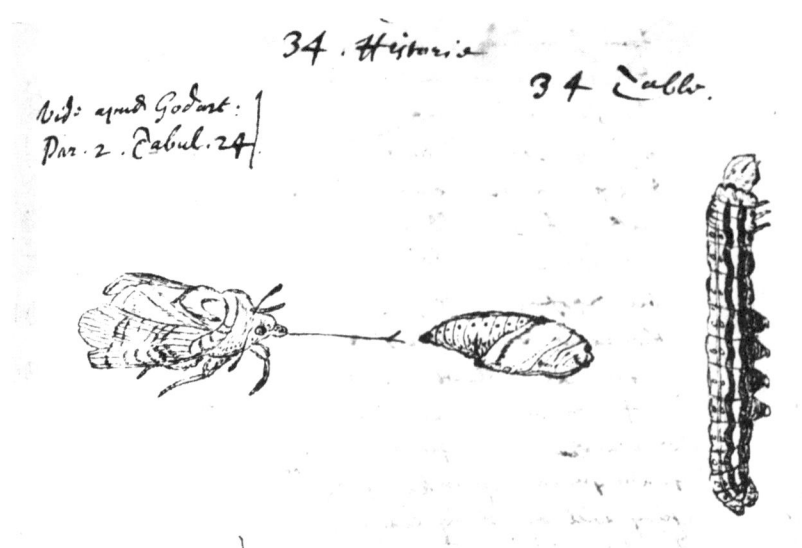

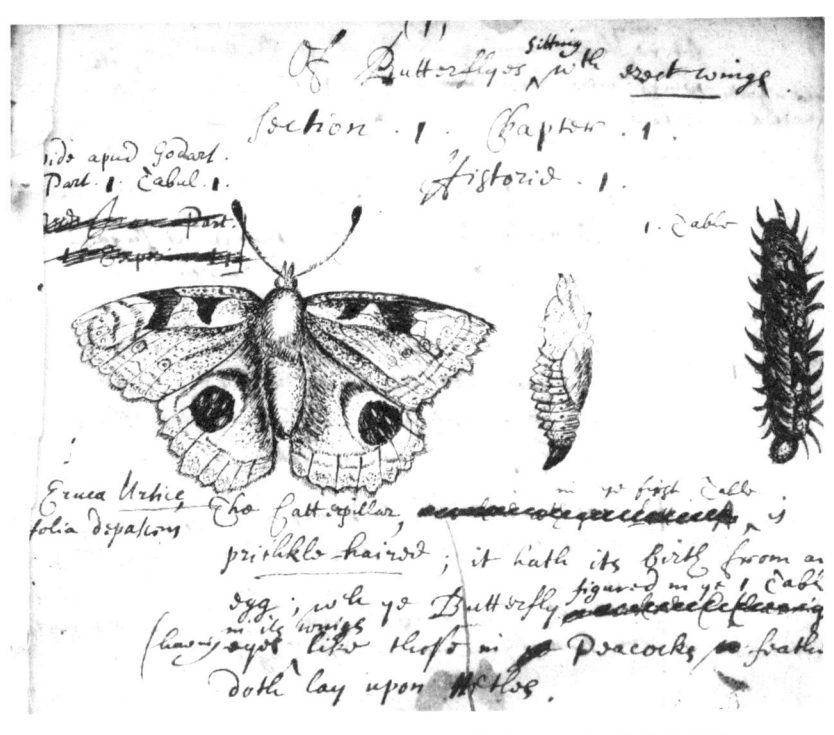

马丁·李斯特在草稿簿上为《论昆虫》的注释版画的昆虫素描

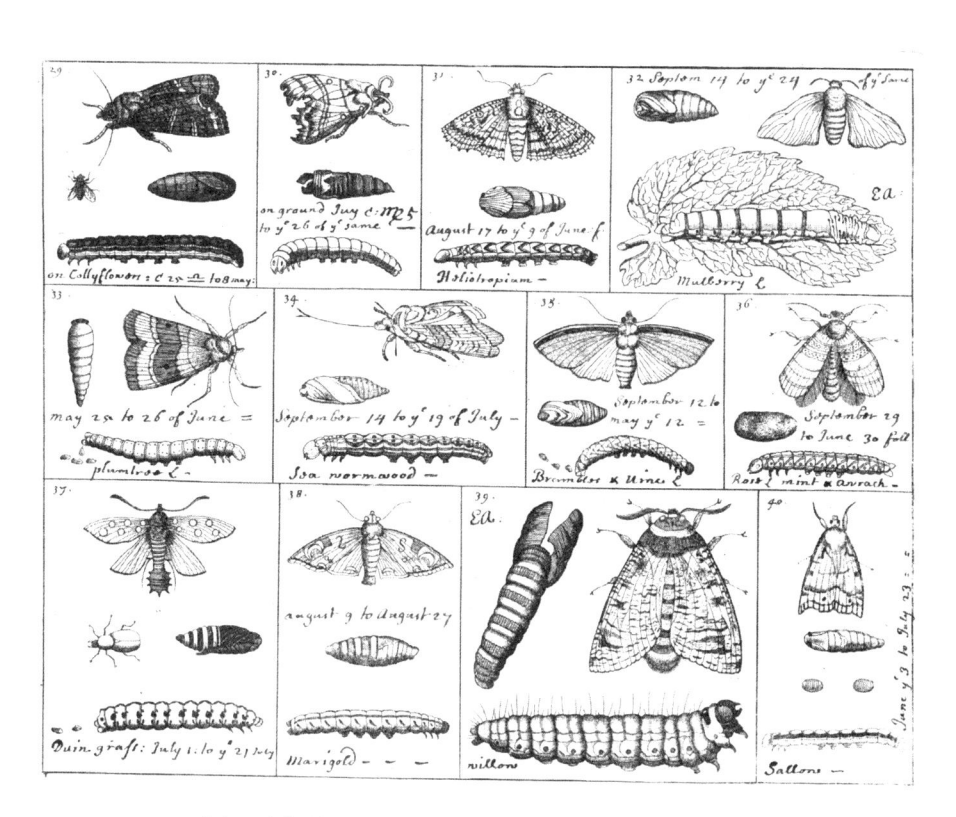

《论昆虫》的注释版中的插图,可能由托马斯·柯克绘制

勒姆有另一个值得关注的地标——李斯特-亚姆斯酒吧,这家酒吧的名字是为了纪念博物学家马丁·李斯特。)克雷文断层实际上是沿着约克郡山谷南缘、西缘产生的一系列地质断层,它由石炭纪的石灰岩组成,包括前海床和珊瑚环礁的褶层和断层。

裸露的岩石中有大量化石,尤其是被马丁·李斯特称为"岩石植物"的海百合的化石。海百合也被称作毛头星,和海星、海胆同属于棘皮动物。海百合覆盖着古时的海床,海百合的底部粘在海床上,从中长出一根柔韧的扁平茎支撑着萼。萼上长有五根分岔的、可移动的腕以过滤海水中的食物。腕内侧的纤毛控制着食物沿着腕进入位于海百合冠部表面长有硬膜的口中。当海百合死亡时，它们的遗骸堆积起来，形成了一层由碳酸盐泥黏结在一起的钙层，碳酸盐泥在热和压力下形成了石灰岩化石。

大多数化石只包括了海百合的柱状茎或其中的一部分。马丁·李斯特用醋溶解了一些石灰石，并打开茎来观察其中的单个茎板。这些茎板被人们称为"圣卡斯伯特[1]的念珠"。海百合化石不仅在约克郡很常见，8世纪时，在卡斯伯特的故乡林迪斯法恩[2]也很常见。根据当地的传说，卡斯伯特用海百合化石为他的兄弟做了几串念珠。据说，在他死后，卡斯伯特的灵魂经常在夜间来到岛上，造访他以前经常去的"锻造工坊"，继续用海百合化石制造"念珠"。在暴风雨过后，海岸上仍然散落着这些"念珠"。当地人认为，这证明卡斯伯特的灵魂依然存在，或至少可以证明，这里有大量海百合化石。这些"念珠"的尺寸从豌豆大小到50美分硬币大小不等。但是，一个罕见的完整标本也有根（或根结构）和被马丁·李斯特称为"顶部的石头"的花萼（或头）。海百合花萼支撑着海百合最柔软的部分，包括了有枝

海百合化石，茎部由许多茎板叠置而成，这些茎板分开后，便形成了"圣卡斯伯特的念珠"

---

[1] 卡斯伯特是7世纪诺森布里亚的一位主教，曾在古梅尔罗斯和林迪斯法恩等地传教。

[2] 林迪斯法恩，即林迪斯法恩圣岛，位于英国诺森伯兰郡，圣岛民政教区位于该岛上。

博物传奇

节的腕的冠就是从那里长出来的。

一位名叫威廉·洛奇的业余风景画家曾为马丁·李斯特发表在《英国皇家学会哲学会刊》上的一篇科学论文上的海百合绘制版画，这位画家的母亲来自克雷文断层附近的乡村。威廉·洛奇是约克古董收藏家协会中与亨利·盖伦见过面的成员之一，后来为多篇马丁·李斯特写的论文绘制插图。马丁·李斯特还委托威廉·洛奇为软体动物和蛛形纲动物绘制版画。这位才华横溢的画家独立而富有，曾在剑桥大学的耶稣学院和林肯律师学院读书。绘画起初只是他的兴趣爱好，在给他母亲的信中，威廉·洛奇告诉母亲："我只是把画画当作晚饭后一小时的娱乐活动，它不仅没有给我带来困扰，反而促使我生活的各方面都顺利。"但是，他在这封信的后面又向母亲表达了自己为颜料在画布上的显色问题而烦恼。威廉·洛奇很快便离开了法律圈，并于1669年加入贝拉西斯勋爵（托马斯·贝拉西斯）的随行队伍，前往威尼斯执行外交任务。他在那里参观了许多公共和私人的艺术藏品，并承认自己对它们有着天然的热爱。在给马丁·李斯特的信中，威廉·洛奇写道："我爱古玩。"随后，威廉·洛奇翻译并出版了意大利画家吉亚科莫·巴里[1]就自己的意大利之旅写的一本书《画家的意大利之旅》。

尽管马丁·李斯特没有弄清楚海百合的腕和根，但他认为，海百合的分支结构意味着它们形似植物，但并不是植物，只是外形和植物有些相似罢了。他在之前发表的关于化石的文章里指出，因为化石的成分与嵌入化石的石头的成分一样，所以化石是自发形成的石头，而不是生命体的遗骸。关于马丁·李斯特的这一发现，约翰·雷在论文的附录中评论：

---

[1] 吉亚科莫·巴里是巴洛克时期的意大利画家和版画家，出生于威尼斯。

那些你观察到的根是一个很好的论据,能够证明这些化石的前身是植物。令人惊奇的是,它们全都被破碎了,没有一株植物是完整的。更令人惊叹的是,在今天,除非我们假设它们生长在很深的水下,否则我们应该可以在海底岩石上找到类似的植物。也许在今天,海底的岩石上长着这样的植物,那些采摘珊瑚的渔夫发现了它们,但是因为觉得毫无用处又把它们丢掉了。当然,它们也有可能是和珊瑚连在一起的。

萨默塞特[1]的医生和博物学家约翰·博蒙特从约翰·雷的这段评论中得到了启发,他将海百合同珊瑚进行了比较。1676年,约翰·博蒙特在《英国皇家学会哲学会刊》上发表的两篇文章中提出假设:珊瑚和海百合是一种介于矿物和植物之间的石头。他认为,海百合的形成过程与钟乳石、雪花的结晶过程相同。他又推测,也许"矿物蒸汽"和矿石散发出的气味有一种强大的力量,能够自发地产生这些"岩石植物"。约翰·博蒙特这一想法在当时并不罕见,比如黄铁矿具有类似硫磺的气味。矿工会利用这一点寻找矿藏丰富的地点。德国的气味采矿理论假定气体本身可以产生矿石。约翰·博蒙特甚至提出用化学家罗伯特·波义耳发明的新型静态气压计测量矿物对大气压的影响,以此检测"矿物蒸汽"是否存在。

马丁·李斯特对海百合的兴趣和约翰·博蒙特将"岩石植物"归为中间物种的分类方法都证明这一时期的博物学家主要对收集各种各样的标本以及描述和比较它们的外部特征感兴趣,并以此了解大自然美丽和奇妙的多样性。随着越来越多的动植物标本从新大陆来到欧洲,近代早期的欧洲迎来了第一次"生

---

[1] 萨默塞特是英国西南部的一个郡。

物信息危机"。博物学的研究范围不仅包括植物和动物，还包括其他物体。因此，到了17世纪，新的物种需要新的分类系统。科学家和哲学家弗朗西斯·培根主张对自然界中的大量信息进行收集，他的观点对英国皇家学会有着深远的影响。弗朗西斯·培根建议，一旦收集到关于某一特定现象的全部事实，便可以把它们整理成表格，以供理论推测和创建假说使用。比如当收集到了所有关于空气本质或食蚜蝇的事实之后，博物学家便能够依据这些事实推理出与它们相关的理论。这种方法是由早期的英国皇家学会开发的，并在17世纪下半叶传遍欧洲。

因此，这种新的分类体系深刻地影响了17世纪博物学家的思维方式。像约翰·雷和马丁·李斯特这样的博物学家通过对这种新颖的分类学方法和信息检索方式，以及感知技巧、集体经验主义的运用，形成了他们自己对自然秩序的理解。在创建新的分类体系的同时，许多博物学家也为博物学开拓了新的子领域，如马丁·李斯特创立了贝类学和蛛形动物学两门学科。

贝类学的诞生

对博物学家来说，贝类学是最重要的研究领域之一，其中一个原因是贝类容易收集且用肉眼就可以对它们进行比较。通常来说，对动植物的描述和分类需要对它们的外部形态进行对比分析才能完成，然后博物学家将观察到的信息收集起来并系统化整理。贝类学受到重视的第二个原因是：随着17世纪后期贝类学发展成为一门学科，一些富有的收藏家开始寻找贝壳，并将其视为一种具有高贵身份的象征。新大陆的探险之旅给欧洲带来了众多未知的、来源不明的物种。

贝壳的稀有性和它们内在的美，以及人们对自然界事物分类的极大兴趣，使得贝壳标本的交换行为以大量资助以及富有的收藏家之间的竞争为特征。精英收藏家们把珍奇标本陈列在他们家中的奇物展柜里，给前来拜访的绅士和达官贵人留下深刻的印象。16世纪，丹麦医生奥勒·沃姆[1]在他位于哥本哈根的家中有几间非常著名的珍品陈列室，里面的藏品令人叹为观止，后来奥勒·沃姆特地出版了一份他的藏品目录。到17世纪下半叶，第一批专门设立的公共博物馆和科学储藏室出现了，比如牛津大学的阿什莫林博物馆和英国皇家学会储藏室。它们的出现反映出对越来越多被发现的标本进行分类以及将这些藏品用于研究的必要性。

在17世纪70年代，还没有关于贝类学的普遍适用的参考著作，马丁·李斯特意识到了这一点，并且认为需要出版一本这样的著作，便开始依据他的《动物史》（1678）尝试着对软体动物和贝壳进行分类。《动物史》一共包括三册，第一册是关于蜘蛛的内容；第二册是关于陆栖动物和淡水贝类的内容；第三册是关于海洋贝类的内容。马丁·李斯特还在第三册中加入了贝类化石的内容，他称这些化石为"英国海螺或者形似蜗牛的石头"。李斯特在这本书的序言中指出，"通过对这些动物的习性和生活进行细微、准确的观察，能够非常细致地区分这些动物所属的物种"，他坚持一定要由威廉·洛奇来绘制这些高水准的插图。

尽管威廉·洛奇绘制插图的进度不能完全令人满意，从威廉·洛奇和马丁·李斯特的通信中可以看出，威廉·洛奇在完成版画的过程中曾经多次推迟交稿日期，但是威廉·洛奇凭借其过人的绘画天赋最终创作出了非常出色的作品。威廉·洛奇称他在苏格兰旅居的时候，为祝愿马丁·李斯特健康而畅饮，他十分激动的心情也为他创作精美的版画带来了艺术灵感，但马丁·李斯特仍

---

[1] 奥勒·沃姆是丹麦的医生、博物学家，也是哥本哈根大学的教授，教授希腊语、拉丁语、物理和医学。

牛津大学阿什莫林博物馆,由迈克·伯格斯于1685年绘制

然认为威廉·洛奇延时交稿的做法是很不负责任的。另一方面,《动物史》中的分类方法和插图都受到外界高度关注,甚至连他的竞争对手尼希米·格鲁[1]都将马丁·李斯特的《动物史》作为英国皇家学会储藏室的藏品编排目录的参考资料,并在此基础之上对物种进行了更详细的描述和分类。因此,为了高质

---

[1] 尼希米·格鲁是英国植物解剖学家和生理学家,被称为"植物解剖学之父"。

量地完成《动物史》，马丁·李斯特仍对威廉·洛奇的缓慢进度保持耐心，最终威廉·洛奇为这项工作贡献了包括海百合在内的13幅精美的版画。

马丁·李斯特的《动物史》是一部经久不衰的著作。在19世纪，杰出的贝类学家费吕萨克[1]和德沙耶评价道：马丁·李斯特在他的《动物史》中对贝类的认识比任何一位先人都要广泛和深入。费吕萨克和德沙耶花了30多年时间研究贝类并完成了权威著作《贝类史》（1819），因此这种评价的价值必然是值得肯定的。他们还指出，马丁·李斯特是第一个描述特定物种的人，比如因其外壳上的红色射线和斑点而闻名的斑岩蜗牛。马丁·李斯特对海扇属的分类研究工作在那个时期遥遥领先，他通过贝类瓣膜和耳大小是否一致以及肋的数量来对它们分类。

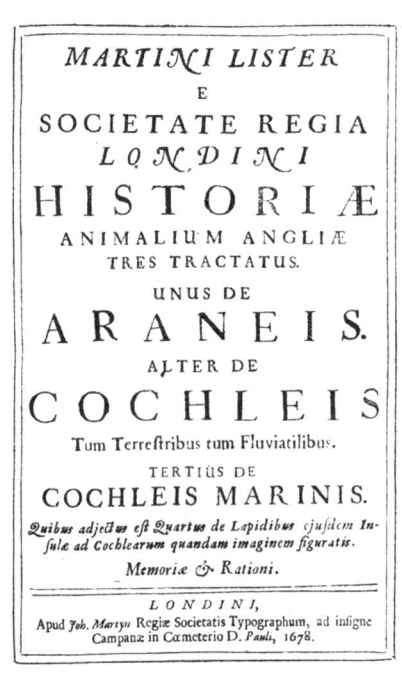

马丁·李斯特的《动物史》的扉页（伦敦：约翰·马丁出版社，1678）

马丁·李斯特在《动物史》中关于动物分布的地理位置的描述也十分精准。他在书中指出，自己在伯韦尔附近树林树根的苔藓中发现了"褐色蜂箱蜗牛"和"秀丽圆口蜗牛"。当我徒步穿梭在伯韦尔的"格里塞尔底部"树林时，我也发现了马丁·李斯特说的那些蜗牛："褐色蜂箱蜗牛"的螺壳的横

---

[1] 费吕萨克是法国博物学家，以其对贝类的研究而闻名。

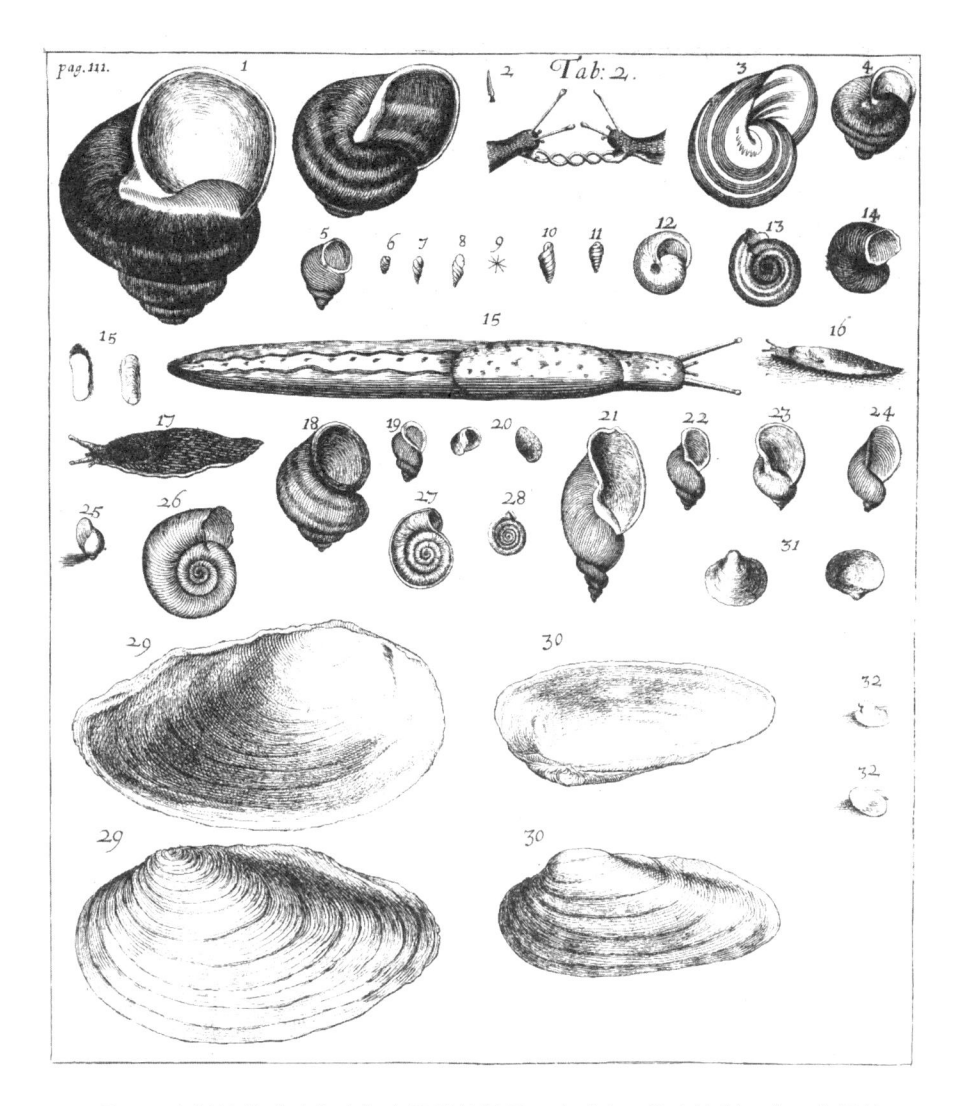

马丁·李斯特的《动物史》中贝类的插图,由威廉·洛奇绘制。有一些图片是从马丁·李斯特在1674年《英国皇家学会哲学会刊》发表的论文中借鉴的

截面的尺寸为(2.0—2.5)×(2.8—3.5)毫米,很难被发现,马丁·李斯特关于它们喜欢坏死或腐烂的木头的描述是正确的。正如马丁·李斯特描述的那样,"秀丽圆口蜗牛"有着螺旋形的壳,它们喜欢隐藏在石头和树根底下。

马丁·李斯特:天生的科学家

83

马丁·李斯特也是第一个能够区分很多常见的蜗牛种类的人，比如法国大蜗牛（可食用）和散大蜗牛（常见的花园蜗牛）。在林奈试图创建他的双命名法体系并对软体动物进行分类时，他在《自然系统》（1758）一书中引用了马丁·李斯特关于各种各样蜗牛所处的地理位置的记录。

当然，马丁·李斯特在《动物史》中关于软体动物化石的描述也是值得关注的。罗伯特·普洛特[1]在他的《牛津郡自然史》中描述了贝壳化石，而马丁·李斯特从中借鉴了20幅版画用到自己的作品中。在那个时期，对分类学感兴趣的博物学家为了获得标本而用各种方法获取标本的行为是很常见的。马丁·李斯特在自己作品中借鉴其他图书里图片的行为也并不罕见，但他的作品的目标是"第一次尝试对贝类化石进行全面描述"，罗伯特·普洛特的作品目标截然不同。

马丁·李斯特在《动物史》中是依据化石的形态而不是矿物性质对化石进行分类的，所以他对化石的分类和对现存软体动物的分类方法是相似的，例如螺瓣的数量和形态、铰链的位置、单壳螺旋的旋转圈数，以及有无脊和"脐"都是可用于鉴别的特点。对细节如此关注让马丁·李斯特后来能够在英国皇家学会会议上纠正罗伯特·胡克提出的"石化牡蛎"的观点。罗伯特·胡克称牡蛎化石代表的生物与现存物种有亲缘关系，但是马丁·李斯特反驳说这些物种"表面以及从瓣膜到边缘都没有皮纹"，而现存的欧洲牡蛎有。马丁·李斯特意识到，这些化石要么是自然产生的石头，要么代表着一个已经灭绝的物种，但他不知道哪种结论是正确的。

因为马丁·李斯特内心十分清楚自己获得的信息无法得出太多结论，所以

---

[1] 罗伯特·普洛特是英国博物学家，牛津大学第一位化学教授，也是阿什莫林博物馆的第一任管理员。

他对于化石真正起源的观点也是模棱两可的。在马丁·李斯特指出化石可能只是"自然形成的石头"之后，他在另一篇文章中表示，"我并没有完全忽视这些化石和被自然淘汰的生物很相似这一事实。我也考虑过这种可能性"。换句话说，他也支持物种灭绝的理论。这一思想是在他研究海百合的过程中，想到那些"岩石植物"只不过是自然形成的石头或是自然运动的结果时产生的。紧接着，马丁·李斯特又表示："我将停止为读者提供更多信息，那些化石可以为自己发言。如果有方法能够判断这些石头是什么，我一定会去认真思考，绝不会草率做出判断。"他甚至指出，在一些物种化石的表面有蠕虫管或者珍珠化石，这一点也许能够表明化石的起源是生物。马丁·李斯特的描述使地质学家查尔斯·莱尔在他的《地质学原理》（1830）中指出，马丁·李斯特是第一个想到物种灭绝的人，而且这确实是真的。查尔斯·莱尔后来又说：

> 当意大利的博物学家还在犹豫不决时，马丁·李斯特和其他英国博物学家早就宣布他们对"物种消失"理论的支持，这很正常，因为意大利博物馆充斥着各种来自地中海的物种的贝类的化石，而英国的收藏家们却不能从地层中获得近期生活的物种的化石。

换句话说，马丁·李斯特和其他英国博物学家发现的贝类化石主要来自侏罗纪和石炭纪，有些距今已有3亿年了。这意味着那个时期生活的软体动物在今天已消失得无影无踪，因为英国当时是热带气候，而贝类化石的庞大体积与当时的气候息息相关。这些情况使得罗伯特·胡克和马丁·李斯特等博物学家认为物种灭绝是有可能的。

《动物史》中关于软体动物的内容获得了巨大的成功，马丁·李斯特受到激励，决定将他关于贝类学的研究深入下去，并致力于创作一本涵盖世界上所有已知软体动物的通用性参考书。马丁·李斯特坚持投入资金，在生物视觉描述上运用插图的形式，最终他于1685年出版了《贝类史》，获得了显著的成果。到1692年，他已经制作了超过1000幅关于软体动物的开创性版画，但他那颗想要通过丰富的视觉效果呈现物种形态的种子在更早的时候就播下了。1673年11月，马丁·李斯特在给亨利·奥登伯格的信里就提到关于物种的认识不应仅是语言上的，还必须有视觉上的。他写道：

> 语言只是可以表征事物的一种符号，我也许没有把它们用到极致。好的设计就是我寄给你的画作（由那位聪明的年轻绅士和出色的艺术家——我的好朋友威廉·洛奇先生完成），或是我所拥有的所有事物本身，这些都可以将细节清楚明了地呈现在你面前。

到了17世纪80年代，马丁·李斯特坚持绘制高标准科学插图的要求给《贝类史》的出版工作带来了阻碍，特别是因为威廉·洛奇的兴趣爱好后来转移到绘画以外的事情上去了。的确，收集足够数量的标本、绘制精准的版画和印刷自己的作品的这种做法是行得通的。作为一位博物学家，马丁·李斯特和接触过的艺术家建立了一种密切的关系。因此，当威廉·洛奇不再为马丁·李斯特绘制插图之后，又有其他几位插画师与他合作，其中就包括马丁·李斯特的女儿苏珊娜·李斯特和安娜·李斯特，她们被马丁·李斯特教导以科学的视角观察事物，并完成了一些软体动物的第一批正模标本的绘图工作。指导他的女儿，也就是李斯特姐妹，帮助他创作《贝类史》的过程对马丁·李斯特来说存在着诸多挑战。

第二章 贝壳的游戏

在近代早期欧洲，有身份、地位的博物学家或古董收藏家都会收藏自然中的奇珍异宝，其中一些藏品是有生命的，且被安置在一座宏伟的花园里。退休之后，马丁·李斯特计划在埃普索姆一座时髦的联排别墅里建造一座花园，在那里种植3000多株雪滴花，包括一些典型的春季品种；1675株番红花和1000株常见品种的郁金香、葡萄风信子、水仙、风信子和风铃草。但后来，他也收集到了一些罕见的植物品种，比如贝母等。在近代早期，色彩多样、引人入胜的花通常比白色的花更有价值，贝母的"骰子盒"品种被认为是罕见和美丽的。马丁·李斯特的花园计划主要根据他的期望来施行，他的愿望清单中包括来自伊朗的奇异皇冠贝母，这是历史上人类最早种植的植物之一。

但是，因为马丁·李斯特刚刚开始他在贝类学领域的研究成果——《贝类史》的创作工作，所以他需要的不是一朵朵盛开的花，而是大量贝壳，并对它们进行比较、分类、绘制插图和说明。贝壳不仅具有科研价值，还具有美学价值。17世纪初期和中期，贝壳是艺术时尚的宠儿，尤其是在荷兰，富商们将观赏贝壳并思索大自然创造的奇妙之物视为高尚人文主义事业的一部分。贝壳上复杂的图案暗示了某种神圣的艺术技巧，壳的螺旋线也暗示着某种精神上的内涵，正如加尔文主义诗人斯潘克休森所言："如果人能够回到自己的躯壳中，认真思考'我在出生前是什么'的问题，那将是一件好事。"

倘若，仅仅是为了它们的美丽、缺乏生命力和脆弱而收集贝壳,那么这些贝壳也可以成为"虚无"的象征。哈勒姆[1]富商杨·格韦尔茨曾与他收藏的贝壳一同出现在他的肖像画中;荷兰艺术家安德里安·库尔特[2](1660—1707)和安布罗休斯·博斯查尔特[3](1573—1621)曾将贝壳引入他们的作品中。在英国,皇家园丁约翰·查德斯肯特在他的珍品陈列柜中藏有一批奇异的贝壳。后来,伊莱亚斯·阿什莫尔得到了这个陈列柜,并将其中的藏品贡献给了牛津大学阿什莫林博物馆,成为阿什莫林博物馆的基础。托马斯·德·克里茨描绘了小约翰·查德斯肯特坐在一张摆满了奇异贝壳的桌子旁的场景,这些贝壳是罗吉·弗伦德送给他的奇珍异品:珊瑚、带有图案的贝壳如大理石芋螺和珍珠般的鹦鹉螺等,这些美丽的贝壳绚丽多彩。

马丁·李斯特搜集的一些标本是很容易就能获取的,出现在《贝类史》第一册《论贝壳》(主要讲述奇异的陆生蜗牛)中的大多数物种来自约克郡和林肯郡。在约克郡,马丁·李斯特的医疗业务日渐兴旺,他有机会去"偏远地区"给人看病,比如位于巴登沼泽边缘的约克郡恩塞贝村的庄园,他的一些病人为了恢复身体便在那里住了下来。马丁·李斯特一边在各家各户之间奔波,一边寻找蜗牛。他说:"一般来说,在茂密的灌木丛和树林里能发现许多小生命,它们隐藏在湿润的环境中,生机勃勃。"他收集了许多英国蜗牛的标本,并在1678年出版的《动物史》中对其进行描述。后来,他将一柜子具有代表性的贝壳和化石标本捐赠给了牛津大学阿什莫林博物馆。马丁·李斯特向阿什莫林博物馆的管理员罗伯特·普洛特承诺,如果"这个陈列柜被寄还的时候是空的",他一定会"再将它装满,使它成为一个全新的陈列柜",并提到标本目

---

[1]　哈勒姆是位于荷兰西部北荷兰省的首府,位于阿姆斯特丹以西。

[2]　安德里安·库尔特是荷兰黄金时代的静物画家。

[3]　安布罗休斯·博斯查尔特是荷兰黄金时代的静物画家。

《小约翰·查德斯肯特与罗吉·弗伦德和珍奇贝壳藏品》，由托马斯·德·克里茨于1645年创作

贝壳的游戏

录在"第一个抽屉里,钥匙也在里面"。

朋友的礼物

马丁·李斯特认为,他必须用一种更简单的方法来收集标本。马丁·李斯特在写给他的一位朋友——阿什莫林博物馆的管理员爱德华·卢维德（1660—1709）的信中说:

> 在见到你之后,我已经仔细研究了三个贝壳标本:第一个来自非洲安哥拉海岸;第二个来自毛里求斯群岛或阿松森岛;第三个来自越南北部（据说我们用的陈列柜和家具一般都产自那里）。这三个标本让我有机会深入了解这些生物的栖息地。

但马丁·李斯特并没有亲自观察所有藏品。和200年后的查尔斯·达尔文一样,马丁·李斯特在他成年后的大部分时间里也与其他古董收藏家和探险家通过信件交流（现存信件超过1000封）,他们向马丁·李斯特提供了世界各地的标本、观察结果以及地理位置记录。这个世界范围内的通信网络被称作"文人共和国",该团体以合作和谦逊为特点,有着基于近代早期绅士风气建设的团体美德:包容、信任、荣誉感和自制力。履行社会义务、交换知识财产、回报恩惠和互赠礼物是他们表示相互尊重的方式,这样也可以提高绅士和学者的声誉。但是,"文人共和国"的成员并不总能表现得十分专业,侮辱、剽窃甚至冒名之类的事情也时有发生。然而,对马丁·李斯特来说,书信往来在很大程度上帮助他获得那些渴求已久的贝类标本。

在《贝类史》中,马丁·李斯特不仅描述了从英国采集的标本,还描述了从地中海、非洲大陆、牙买加、北美洲的弗吉尼亚和卡罗来纳、印度洋、欧洲北海、毛里求斯、法国、阿松森岛等地采集的贝类标本。尽管如马丁·李斯特自己所言，他的藏品无论是在数量上还是在种类上都不匮乏，但是为了完成《贝类史》，他仍然需要向不同的收藏家借来许多标本以进行研究。收藏家们把活着的蜗牛装在篮子里送给马丁·李斯特，篮子里铺着潮湿的苔藓，以便让蜗牛存活下来。他们小心翼翼地把化石包在纸里，然后邮寄给他。除此以外，马丁·李斯特收到的信件中也有很多贝壳的素描和化石的版画。马丁·李斯特有三个藏品陈列柜：第一个装的是生活在海洋中的单壳类动物标本，第二个装的是生活在海洋中的双壳类动物标本，第三个装的是陆生与淡水贝类标本。

马丁·李斯特也会把陈列柜中的标本送给别人，比如来自约克郡阿德顿的铁矿采石场的贝类化石，或者是从万福斯德采石场选出来的标本，这些标本有的像骨螺，有的像贻贝，还有的像螺旋蜗牛。通过交换标本和建立自己的小型标本博物馆，马丁·李斯特融入了近代早期的欧洲流行的"收藏文化"交际圈中。他的藏品离不开"文人共和国"，他创作的作品、接受的教育和信件都展现了英国、法国及其殖民地的博物学家之间进行的知识、标本的跨文化交流。标本的交换和收藏涉及极其广泛的人脉关系：商人、药剂师、医生、博物学家和收藏家，他们聚集在一个广阔的知识领域，共同为马丁·李斯特的贝类藏品做出贡献。

与马丁·李斯特交换贝类标本的博物学家包括爱德华·拉维德、约翰·雷和汉斯·斯隆爵士。但是，标本的来源不止这一种。在1674年或1675年2月，威廉·洛奇在给马丁·李斯特的信中写道，他在伦敦发现了一个属于希克斯船长的"珍品壁橱"，"这位船长的谋生之道，就是将自己从世界各地收集的各式各样的贝壳置办在小姐们的壁橱里。这些贝壳的形状和颜色很漂亮，又出奇地与众不同，我非常享受观赏它们的过程"。威廉·洛奇看到了一些贝壳化石，其中包括一个巨大的扇贝壳（威廉·洛奇认为它来自威尔士），里面有200多个小贝壳，还有海胆化石以及"帽石"。除了贝壳，希克斯船长还有其他标本，比如响尾蛇和一些人类学的研究对象。威廉·洛奇写道：

> 最后，他向我们展示了东印度群岛、西印度群岛及其他偏远地区各种各样奇怪的物品，比如鲨鱼、短吻鳄，还有尾部的角质环发出声音的响尾蛇，这可以提醒人们与它保持距离，还有一些有着奇怪的下颌骨和皮肤的生物。蜂鸟比鹪鹩还要小，与绿头鸭脖子的颜色类似，它们把那又长又小的喙扎进花朵中，像蜜蜂一样吸食花蜜。

威廉·洛奇在信中还附上了自己用钢笔画的海胆和有着弧形喙的蜂鸟草图。

与那位更加出名的博物学家罗伯特·胡克一样，威廉·洛奇也在伦敦各家咖啡馆搜罗珍贵的标本，并告诉马丁·李斯特他在约翰·吉尔的咖啡馆里看到了许多标本，因为在那里展示标本不需要花很多钱。然而，约翰·吉尔发现，他吸引大量顾客的做法可能因为滋扰周边的市民而"受到市政当权者监管"。在1685年，约翰·吉尔和拉斯克先生因为"养了一条鳄鱼"和"展示了一个毛发浓密的女性"引起人群聚集，给周边居民带来了不少麻烦而"被送进了法灵顿监狱"。博物学家热衷于在咖啡馆、展览会或者私人藏品展中展示罕见动物的传统一直延续到了18世纪。英国皇家内科医学院的图书管理员乔治·爱德兹在他的《鸟类博物志》（1751）中指出，比如"里士满公爵阁下拥有一艘巨大的中国船，里面装满了（金）鱼"，他还提到在巴塞洛缪博览会上有一只巨大的凤头鹦鹉。

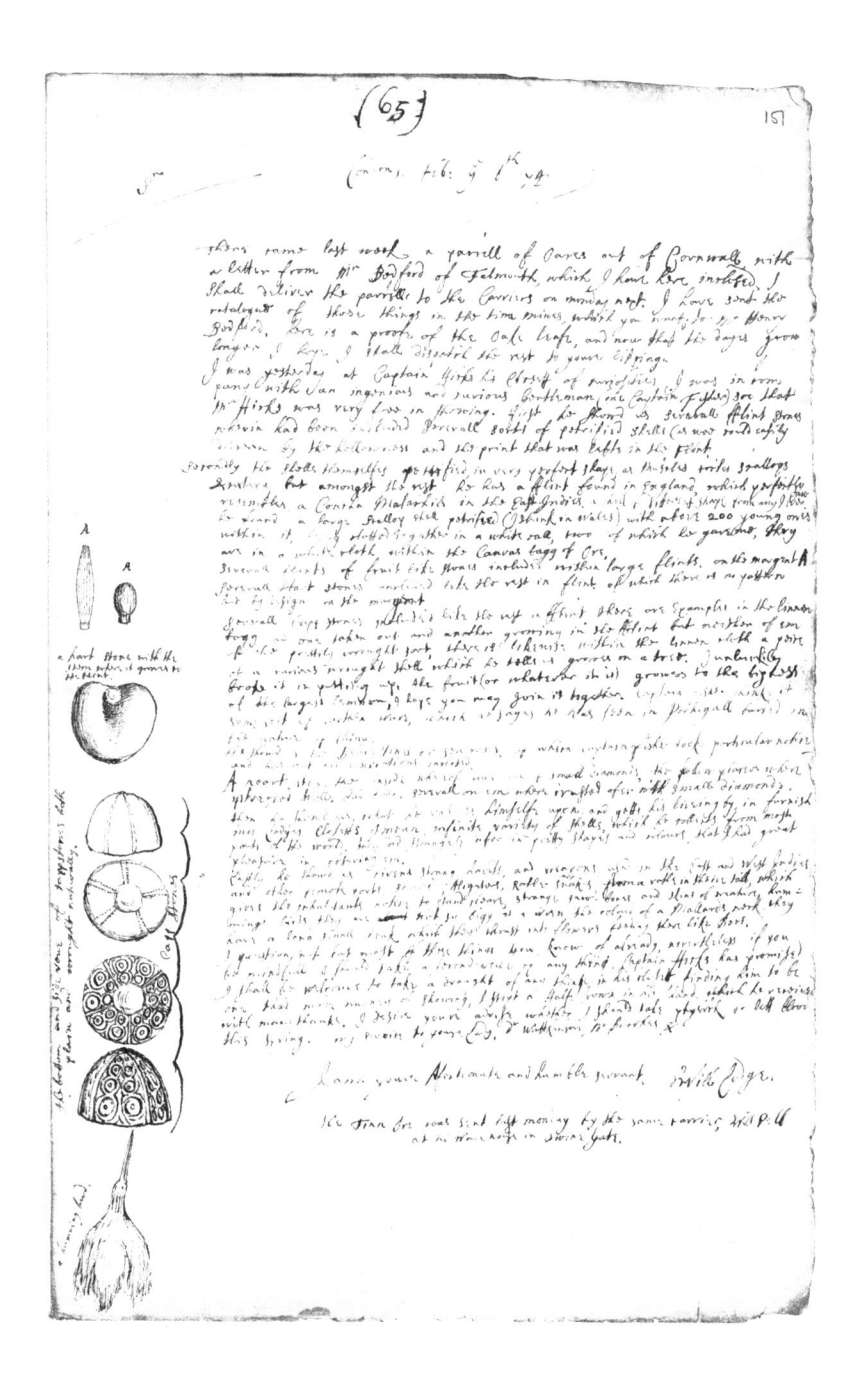

威廉·洛奇写给马丁·李斯特的信，蜂鸟的素描位于信纸边缘

来自殖民地的贝壳与奴隶制

马丁·李斯特与那些能把珍贵的标本带到英国的商船海员有联系，也与一些专业收藏家和博物学家有接触。其中一位是探险家约翰·巴尼斯特（1650—1692），他曾在巴巴多斯和格林纳达进行博物探险，后来移居到弗吉尼亚的海岸平原生活了14年（1678—1692）。1692年5月，约翰·巴尼斯特在罗阿诺克河边收集植物标本时被猎人詹姆斯·科尔森误杀了。然而，弗吉尼亚亨里科郡的地方法官允许这位猎人被保释，詹姆斯·科尔森对误杀约翰·巴尼斯特一事深表歉意。后来，有关约翰·巴尼斯特的描述掩盖了他死亡的真实情况，甚至其中一个说法只是简单地将他的死因归为在采集植物的过程中过度疲劳。

约翰·巴尼斯特与马丁·李斯特的信件原稿后被寄给英国皇家学会，但在那里丢失了。在约翰·巴尼斯特死后，马丁·李斯特应该收到了约翰·巴尼斯特大部分的标本目录和观察报告。它们被交给牛津主教亨利·康普顿博士保管，这位主教希望牛津大学出版社能够出版一本"比现存的任何文献都更加完善的《昆虫史》"。为了表示对朋友的敬意，马丁·李斯特在《英国皇家学会哲学会刊》上发表了约翰·巴尼斯特尚存的信件的节选，若不是这样，这些信件很可能会丢失（马丁·李斯特很有先见之明，因为至少还有这些节选的内容保存在英国皇家学会的档案中）。信件的节选表明巴尼斯特曾送给马丁·李斯特一些在淡水环境中生长的软体动物标本，以及"一只灰白色的、带斑点的无壳小蜗牛（蛞蝓）标本"。马丁·李斯特在他的《动物史》（1678）中把这种生物的颜色描述为"乳白色"。1679年，约翰·巴尼斯特在弗吉尼亚时收到了这本书，他对遇到的物种进行了记录，且记录表明，马丁·李斯特曾一直激励他去收集并描述弗吉尼亚的软体动物。在马丁·李斯特的《贝类史》中，有17种软体动物，要么标本是由约翰·巴尼斯特采集的，要么标本图画是他绘制的，马丁·李斯特用"vir"代表"弗吉尼亚"来标记这些软体动物。约翰·巴尼斯特还将他对美国植物的描述贡献给了约翰·雷的《植物史》（1682），马丁·李斯特的朋友唐克雷德·罗宾逊[1]将这本书称为"植物总览"，而这样的书籍通常要求内容非常准确。约翰·巴尼斯特描述的植物包括一些最早被描述的美洲植物，比如西番莲、龙舌兰、美洲山核桃和美洲檫树。

在一些独立的信件中，马丁·李斯特表明，约翰·巴尼斯特给了他一份化石目录的副本，约翰·巴尼斯特的一些化石记录至今仍然保留着，而且是保存在一个收藏于大英图书馆的红色摩洛哥山羊皮卷中，可能曾为马丁·李斯特拥有（MS. Sloane 4002）。因此，马丁·李斯特成了第一个描述新大陆的化石的博物学家。这些化石包括切萨皮克蛤和北圆蛤，它们来自弗吉尼亚的约克城。和马丁·李斯特一样，约翰·巴尼斯特对化石的起源进行了推测，思考它们是生物的遗骸还是由于自然原因自发形成的石头。约翰·巴尼斯特这样描述珊瑚化石："珊瑚是一种灌木状的石质固结物，由混合的硝基'矿汁'形成。该'矿汁'含有亚硫酸钠，亚硫酸钠通过海底的孔隙渗出，与海水中产生咸味的物质发生作用并凝固。"他的推理与约翰·博蒙特关于海百合类化石起源的推理是类似的（参见第一章）。

尽管现在的人们知道化石是生物的遗骸，但是许多17世纪的研究者认为，这些石头可以在自然中自发形成。有趣的是，人们还发现了一些看起来像是由自然形成的奇妙石头，如三叶虫的化石。因为三叶虫与现存的任何生物都不像，所以以为"化石是自然形成的石头"或"化石仅是成形的石头"这类观点提供了"有力"的证据。当时的人们认为，地下含水层携带着具有成形能力的种子或咸水，它们在地下的高温环境中形成了岩石和矿物质。马丁·李斯特本人在后期对海洋双壳类动物和海百合的研究中，运用显微镜对贝壳化石和软体动

---

[1] 唐克雷德·罗宾逊是一位英国医生。

物贝壳的盐晶体进行观察和化学分析，以此检验化石的起源。他还试图从蜗牛的化石和体液中提取盐，并把它们涂在贝壳化石的表面，看化石的重量是否会增加，并尝试用蜗牛的体液培育珍珠。伯纳德·帕利西[1]和吉罗拉莫·卡尔达诺[2]也认为，贝壳主要是由软体动物从海洋中提取的盐组成的，因此很容易石化，而马丁·李斯特试图重现这个过程。因此，约翰·巴尼斯特的笔记表明，他和马丁·李斯特在学术上有许多共同的兴趣。

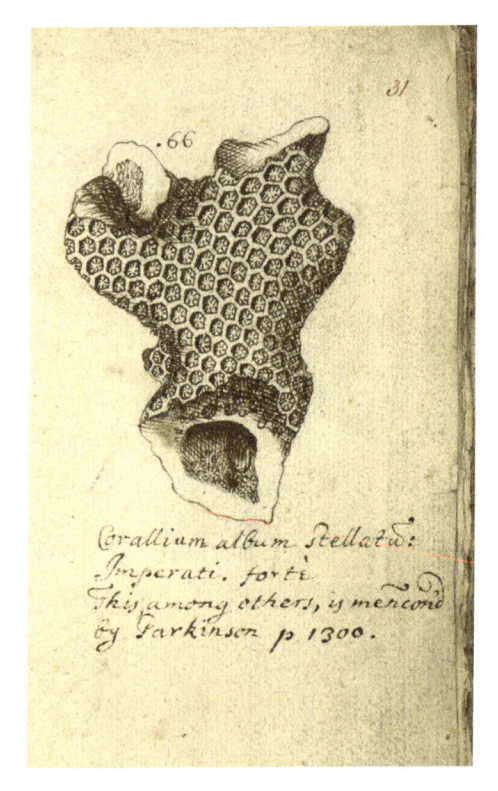

珊瑚化石，由约翰·巴尼斯特绘制

马丁·李斯特也曾在《贝类史》中记录自己在东印度公司的商人丹尼尔·范·米尔德特的博物馆中见过很多贝壳。

除了清单中记录大多数普通商品（如印花布和珍贵金属）外，丹尼尔·范·米尔德特还会在分类账中记录一些特殊商品的交易，比如通过出售宝螺科动物的壳（货贝）筹集到300英镑。当然，货贝有丰富的颜色、图案和光滑

---

[1] 伯纳德·帕利西是法国陶艺家、液压工程师和工匠。

[2] 吉罗拉莫·卡尔达诺是意大利文艺复兴时期百科全书式的学者，主要成就在数学、物理、医学方面。

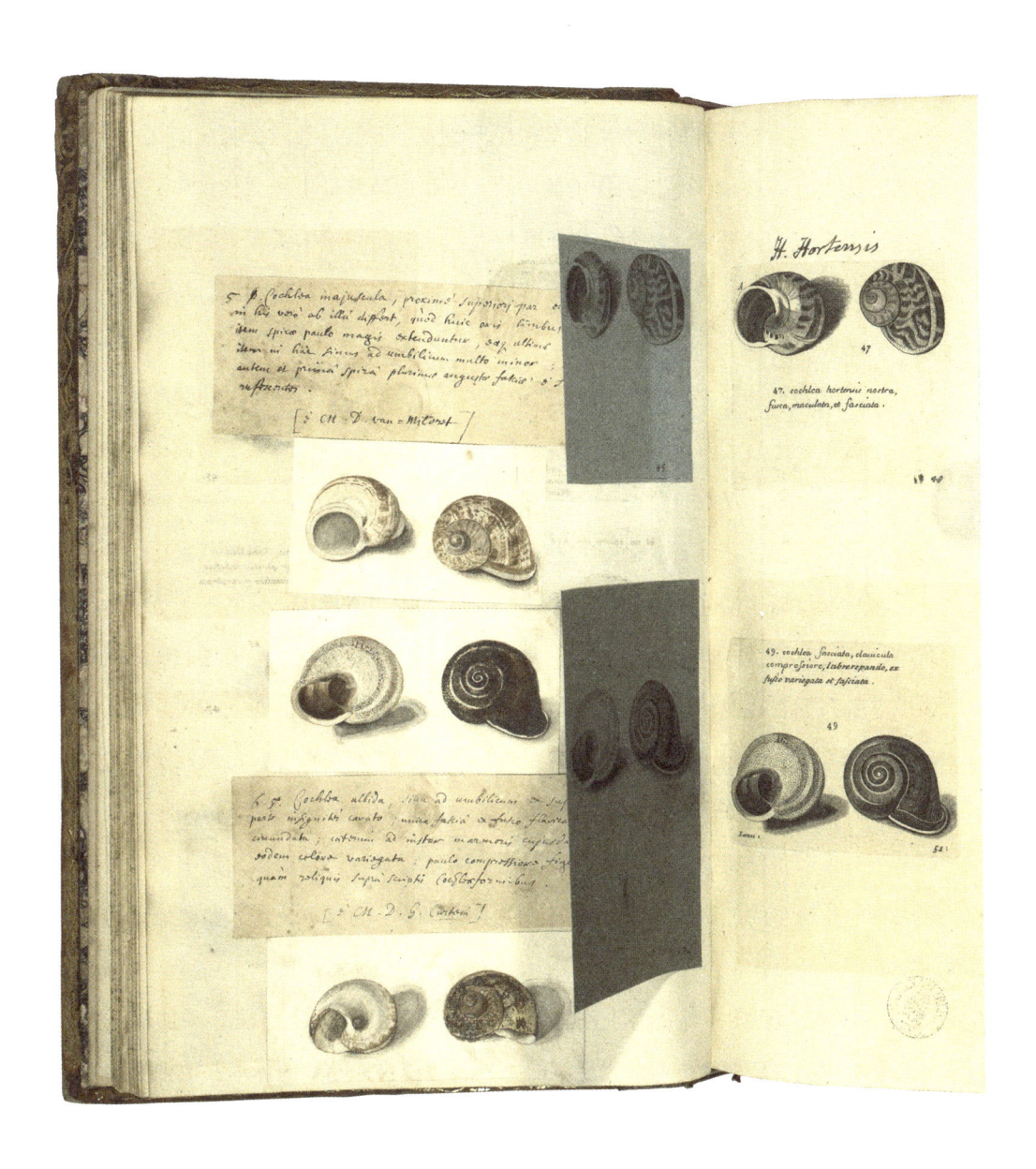

马丁·李斯特练习绘画《贝类史》中的插图时使用的草稿练习簿，里面的注释提到他向丹尼尔·范·米尔德特和威廉·库廷借贝壳

贝壳的游戏

的表面，使它们成为收藏家们长期以来喜爱的热门藏品，丹尼尔·范·米尔德特收集到许多奇异物种的标本。但是在16世纪前，也就是欧洲扩张前的几个世纪里，海贝在一些地区是作为货币使用的，因此这种海贝也称"货贝"。随着奴隶贸易在新大陆开展，货贝也成了欧洲人在非洲西海岸购买奴隶时所使用的货币。到18世纪初，价值高达几十万英镑的货贝从南亚出口到欧洲，然后再从欧洲到达非洲。

到了17世纪末，从马尔代夫到巴拉索尔[1]及其他印度港口，再到欧洲（主要是伦敦），出现了一股独特的"货贝流"。东印度公司和私人贸易商将这些货贝卖给贩卖非洲奴隶的商人。

丹尼尔·范·米尔德特就是这些商人中的一位，他同富有的收藏家、医生和博物学家汉斯·斯隆爵士通信，并为他收集藏品。1695年，丹尼尔·范·米尔德特成了苏格兰东印度公司的董事，该公司是根据苏格兰议会通过的法案组织成立的，拥有在亚洲和美洲的贸易权。伦敦的无营业执照的商人与独立商人共出资30万英镑，占该公司总资本的一半。然而，英国东印度公司强烈反对这个竞争对手，于是英国国王被迫"镇压"苏格兰东印度公司。到了1730年，丹尼尔·范·米尔德特陷入了经济困境，他给斯隆写了一封求助信，请求斯隆帮忙解决他与房东的经济纠纷，并指出斯隆是他"唯一能够解决这个卑微请求的朋友了"。

1687年，汉斯·斯隆爵士作为阿贝玛公爵的私人医生前往牙买加。马丁·李斯特不仅请斯隆带些贝壳标本回来，还请他带回蛞蝓的标本，他把蛞蝓称为"裸蜗牛"。当斯隆在牙买加的时候，他遇到了富尔克·罗斯[2]以及他的

---

[1] 巴拉索尔是印度奥里萨邦的一个城市。

[2] 富尔克·罗斯是英国医生和牙买加的早期殖民者。

妻子伊丽莎白·罗斯，富尔克·罗斯是牙买加早期的奴隶买主。

在17世纪70年代，只有六位殖民者会定期从英国皇家非洲公司进口大量商品，富尔克·罗斯就是其中一位，且该公司在贸易上具有垄断地位。在富尔克·罗斯死后，斯隆于1695年在伦敦与伊丽莎白·罗斯结婚，并获得她丈夫三分之一的遗产。因此，斯隆通过婚姻和让奴隶在种植园工作获益颇丰。

牙买加的大多数奴隶都是通过西非奴隶贸易进口的。在1689年光荣革命结束之后，斯隆在大罗素街[1]定居下来，并向马丁·李斯特等博物学家和古董收藏家开放了自己的"博物馆"和"藏品柜"，其中包括珍贵的标本和艺术品。斯隆用种植园赚到的钱买了许多藏品并建造了一个自己的博物馆，其藏品中有的成了"世界上最好的藏品之一，也是大英博物馆的基础藏品之一"。为了将牙买加甘蔗种植园中的资本转移出去并用来投资，斯隆利用吉尔伯特·希斯科特[2]爵士以及他的儿子约翰·希斯科特和亨利·希斯科特的银行家、经纪人和受托人的身份为他服务。吉尔伯特·希斯科特是牙买加和印度贸易商人及代理商，在成为英格兰银行最初的董事之一和伦敦市长之前，他在重建英国东印度公司的事务中也表现得非常突出。

汉斯·斯隆与吉尔伯特·希斯科特也有着家庭上的联系。吉尔伯特·希斯科特的女儿海斯特·希斯科特嫁给了汉斯·斯隆的侄子小威廉·斯隆。海斯特和小威廉在结婚后获得了汉斯·斯隆在爱尔兰和切尔西的一些地产，后者包括切尔西草药园[3]。1720年，吉尔伯特·希斯科特的儿子亨利·希斯科特成了英国皇家学会的会员，汉斯·斯隆出席了他的入会会议。亨利·希斯科特是

---

[1] 大罗素街是伦敦布卢姆茨伯里的一条街道，是大英博物馆所在地。

[2] 吉尔伯特·希斯科特曾担任英格兰银行行长，并于1711年担任伦敦市长。

[3] 切尔西草药园于1673年建立，种植药剂师使用的药用植物。

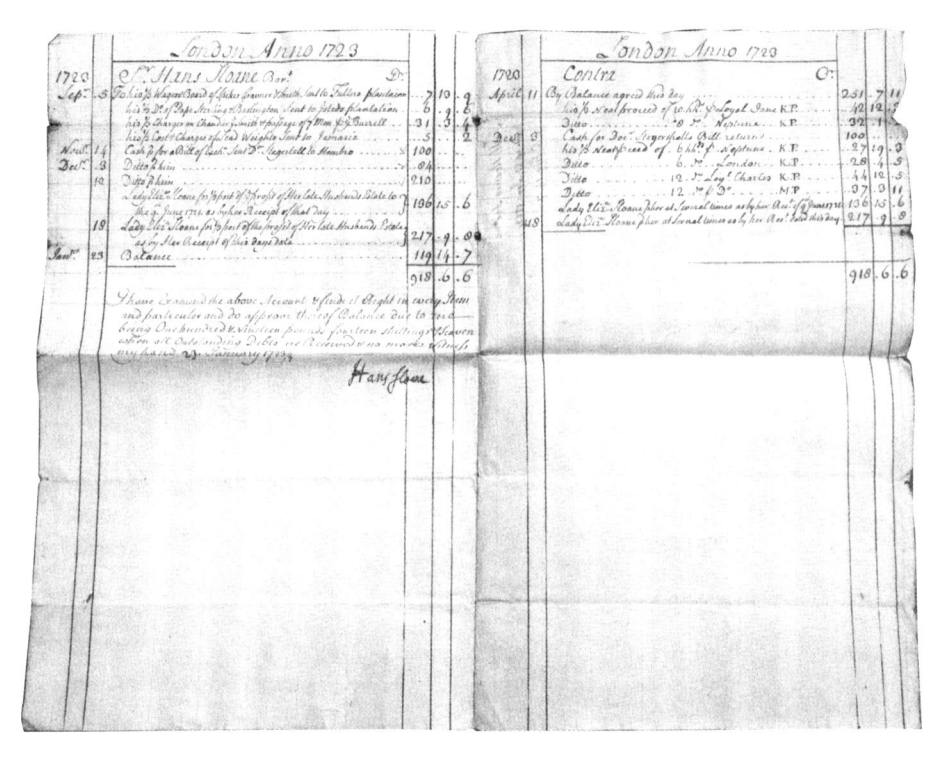

亨利·希斯科特于1723年作为汉斯·斯隆爵士代理人所做的记录,"忠诚的查尔斯"号、"海王星"号以及登记表上的其他船名是将奴隶从非洲运往牙买加的船只

恩格尔贝特·坎普弗尔[1]死后出版的《日本史》(1727)的订阅者之一,这本书是由汉斯·斯隆的瑞士籍图书管理员约翰·卡斯帕尔·余赫泽依据恩格尔贝特·坎普弗尔的手稿翻译而来的,这本书是在英国皇家学会的赞助以及汉斯·斯隆会长的许可下出版的,汉斯·斯隆还买了这本书手稿作为收藏。

同样的赞助关系也将汉斯·斯隆和马丁·李斯特联系在一起。1685年,

---

[1] 恩格尔贝特·坎普弗尔是德国博物学家、医生、探险家和作家。

汉斯·斯隆在荷兰莱顿的奥兰治大学完成医学学业之后回到了伦敦，并在马丁·李斯特的推荐之下，成为英国皇家学会的会员。作为回报，汉斯·斯隆把自己的藏品拿出来供马丁·李斯特使用。汉斯·斯隆通过自己的关系网络获得了贝类标本，马丁·李斯特则从中直接受益。

威廉·库廷的热爱

在汉斯·斯隆的关系网络中，马丁·李斯特还能够从威廉·库廷（又名威廉·查尔顿，1642—1702）这样的博物学家和收藏家那里借到标本，反过来，马丁·李斯特将自己创作的《贝类史》赠予他们，并推荐他们成为英国皇家学会的申请人。威廉·库廷在伦敦的圣殿教堂里创办了一个公共的博物馆，里面有十个房间，陈列着艺术品、动植物标本和考古文物，这个博物馆被誉为"欧洲最精美的自然和人工珍品陈列柜之一"。威廉·库廷被当时许多著名古董收藏家所知晓，其中包括哲学家约翰·洛克[1]。1642年，威廉·库廷出生于伦敦的一个商人家庭，正如吉布森·伍德所言，"这个家族曾享有非常可观的财富和荣誉，但后来遭到了经济上的打击。这些情况意味着，尽管威廉·库廷出身于一个极其富有、人脉广泛的家庭，但他本人的经济状况较为拮据，且其一生都笼罩在法律诉讼和财务纠纷的阴影之下。威廉·库廷之所以用威廉·查尔顿为化名也许就是为了躲避债主"。

1659—1684年，威廉·库廷在欧洲大陆上断断续续地旅行了25年之久，为了安全起见，他把一箱箱的艺术品和博物标本送到诺丁汉郡的福斯利旅社，

---

[1] 约翰·洛克是英国的哲学家。在知识论上，约翰·洛克与乔治·贝克莱、大卫·休谟三人被列为英国经验主义的代表人物。约翰·洛克在社会契约理论上也有重要贡献。

旅社的主人就是他的姨妈玛丽·奈特莉夫人。有时，他选择离开英国很长一段时间也是有其必要性的，主要是为了公开宣布放弃与库廷庄园相关的事情。在这漫长的欧洲大陆之旅中，威廉·库廷收集了大量标本和艺术品。日记作家约翰·伊夫林在1686年12月6日指出：

> 我曾带着桑德兰伯爵夫人参观查尔顿先生的藏品，这些藏品是我在国外旅行时前所未见的，无论是绅士还是王子都没有这般丰富的藏品。这些藏品包括微缩模型、图画、贝壳、昆虫、奖章、动物、矿物、宝石、器皿、琥珀、水晶、玛瑙等。这些藏品都是非常完美和罕见的种类，特别是一些书中的鸟、鱼、花和贝壳都被绘制得栩栩如生。威廉·查尔顿先生告诉我们，藏品中有一本书价值300英镑。这位绅士的所有藏品的价值估计可达8000英镑，这些都是他在旅行时收集的，他的足迹遍及欧洲的大部分地区。尽管这样，他看起来是一位谦虚并且热情的人。

约翰·伊夫林的描述也得到了马丁·李斯特的认可，他对朋友爱德华·卢维德说："自从你来到这里，我已经看到了好几组贝壳藏品了。但是查尔顿先生现在身处一种境地，那就是似乎对这种从锡兰买入12只或14只在酒瓶里保存得很好的动物标本的消费方式感到厌烦，那些标本是真正的珍品！"在1691年的夏天，斯隆的学生、博物学家詹姆斯·裴蒂弗[1]在伦敦拜访马丁·李斯特时，也在日记中提到了威廉·库廷的藏品：

---

[1] 詹姆斯·裴蒂弗是伦敦药剂师，英国皇家学会会员。

他收藏了大部分作家的作品里面提到的蛇的品种，这些标本被保存在盛满酒的透明玻璃杯里。除此之外，他的奖章、贝壳、石头以及许多其他雕刻品都被放置在黑色、红色或绿色的天鹅绒布上。在这里，你也许会看见各种各样的贝壳，比如鹦鹉螺，它们被打磨得很奇特，贝壳一边刻着维纳斯和丘比特，一边刻着酒神巴克斯和九位缪斯，且每个人物都被雕刻得惟妙惟肖。他还向我们展示了一个马蹄螺，他声称自己拒绝了想要出8基尼购买这个藏品的人。他的女仆告诉我，这个博物馆里的藏品价值1万英镑。通过这个简短的叙述，你应该能感受到这个博物馆的卓越之处。

威廉·库廷的一些私人文件显示出了他对收藏品的热爱。威廉·库廷的藏品包括"1678年2月从蒙彼利埃寄来的一份标本清单"，以"珀尔先生和马格诺博士从蒙彼利埃的植物园寄来的植物清单以及普罗旺斯山区的植物"为特色。这份清单里还包括威廉·库廷在福斯利旅社附近收集的蝴蝶标本，以及其支付的所有费用的明细账目。在蒙彼利埃的时候，威廉·库廷还收藏了法国刺绣大师和设计师纪尧姆·图卢兹"自然"系列的画作，纪尧姆·图卢兹于1656年为其他专业刺绣大师出版了《鲜花与鸟》。由于装饰艺术中花卉图案盛行，供工匠们参考的有关花卉图案设计的书籍大量出版。富有的收藏家会委托专业人士为他们的花园或其他人的著名花园绘制花卉图案。威廉·库廷购买了尼古拉斯·罗伯特（1610—1685）绘制的花卉图，这位画家是法国国王路易十四执政时期的一位雕刻家和微缩画家，也是当时花卉图案研究领域最成功的画家。尼古拉斯·罗伯特一开始是一名刺绣设计师，他精致的作品使其得到了路易十三的弟弟加斯东·让·巴蒂斯特的关注。尼古拉斯·罗伯特后来还为1666年由路易十四创立的法国皇家科学院的创始刊物《植物史》制作版画。显然，威廉·库廷的藏品的水准是非常高的。

随后，马丁·李斯特在提到威廉·库廷时说："他诚挚的善意，让我和其他研究者能够很容易就接触到珍贵的标本，并有机会根据他提供的丰富资源来绘画、描述这些物品。"马丁·李斯特不仅观察了藏品中的贝壳，还观察了贝壳化石，他将威廉·库廷的藏品中一块美丽的化石与活着的扇贝做比较，以确定这块化石究竟是自然形成的还是一种灭绝物种的残骸。马丁·李斯特总结道："这块化石与扇贝的差异在很多方面得以体现……化石的脊之间的沟很狭窄，然而扇贝上的沟很深、很宽。"

当马丁·李斯特无法获得实体的贝壳时，他也会利用威廉·库廷收藏的版画进行研究。他记录了自己拜访威廉·库廷的过程，在1683年的记事簿上写有这样的记录："我在查尔顿先生收藏的版画中看到了他在巴黎买的12个大而雅致的单独的'头巾贝壳'，都是由艺术家文西斯劳斯·霍拉[1]绘制的。"因此，马丁·李斯特能够在他的《贝类史》（1685—1692）中使用这些由文西斯劳斯·霍拉制作的版画：在《论贝壳》中，有五种带标签的贝壳使用了文西斯劳斯·霍拉的版画，包括一种尚未明确分类的条纹锥形螺（编号636）、一种望远镜螺（编号624），以及一种熊掌蛤（砗蚝，编号350）。

马丁·李斯特的朋友兼约克郡的古董收藏家弗朗西斯·普莱斯曾是文西斯劳斯·霍拉的同事，在信件中，弗朗西斯·普莱斯称霍拉是一位"非常熟悉的朋友"。普莱斯与霍拉的友谊始于17世纪60年代，普莱斯在当时还是伦敦格雷律师学院的一位年轻的学生，而霍拉已经50多岁了。后来，普莱斯放弃了法律专业，转而向霍拉学习艺术，霍拉还为普莱斯雕刻了一些由普莱斯绘制的奇形怪状的头像。普莱斯可能是在霍拉的工作室学习了制作蚀刻版画的技术。霍

---

[1] 文西斯劳斯·霍拉是一位多产且富有成就的17世纪波希米亚图形艺术家，以雕刻和版画而闻名。

拉也将自己的部分工作委托给普莱斯完成，其中包括约翰·奥吉尔比[1]翻译的简·纽霍夫的畅销书《中国记》的英文版的插图绘制工作。两位艺术家还分享了各自的工作经验，他们除了制作鸟、蝴蝶、飞蛾和甲虫标本的蚀刻版画外，也制作了贝壳的蚀刻版画。

这些贝壳来自加勒比海、东南亚和澳大利亚，很可能是由探险家和商人带回欧洲的，它们都是珍贵的标本。霍拉的贝壳插图被称为"精准绘图的奇迹……连贝类学家都很少知道它们的细节"。乔治·维尔特[2]评论这是"一本关于贝壳的最奇特的书……许多收藏家都没有霍拉的藏品；除了个别的两三件的稀有藏品外，大多数藏品并没有出现在最大的藏品集里"。尽管它们非常罕见，马丁·李斯特似乎对这些从普莱斯或霍拉手里得到的版画非常熟悉。普莱斯从霍拉的遗孀那里买到了几件霍拉的作品，并可能借给了马丁·李斯特给他的女儿们临摹。当然，马丁·李斯特《贝类史》中的熊掌蛤和望远镜螺与霍拉的蚀刻版画一模一样。

因为威廉·库廷的祖父曾资助过巴巴多斯的殖民活动，所以马丁·李斯特的作品中有一些产自加勒比地区的物种。马丁·李斯特希望能够将这些标本与一位名叫詹姆斯·里德的收藏家和园丁带回的标本进行比较，詹姆斯·里德在1689年被派往马德拉群岛和巴巴多斯进行植物考察。库廷和"坦普尔植物学俱乐部"的其他成员一同资助了里德的旅行，这个俱乐部是由伦敦的博物学家发起的，马丁·李斯特也是其中的一名成员，他们通常在咖啡馆会面。里德在1689年的秋天出发，在此之前，库廷就收集哪些标本给出了规范性的指导，包

---

[1] 约翰·奥吉尔比是英国翻译家、主持人和制图师。他以出版第一部英国道路地图集而闻名。

[2] 乔治·维尔特是英国雕刻师和古董收藏家。

文西斯劳斯·霍拉于1645年绘制的熊掌蛤（下图）的蚀刻版画

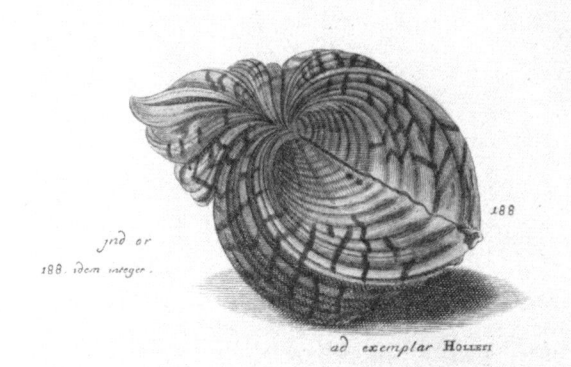

李斯特姐妹为《贝类学》绘制的熊掌蛤（下图）版画

括"颜色鲜亮的小鸟或者有着奇特的喙的鸟,一定要小心装箱,让这些鸟的标本都保持干燥,并且避免它们相互碰撞"。库廷还想要"蝴蝶、蚱蜢、甲虫和蜘蛛的标本,它们有些和人的手掌一般大。同一物种之间也存在着颜色或大小的差异,必须用别针把蝴蝶固定住,蜘蛛必须放在烈酒里保存"。里德还得到了一些"常用的牛皮纸、宽口的瓶子、烈酒"、100根针、鱼钩、剪刀和"1令纸"。在一份单独的笔记中,库廷给了里德一个保存爬行动物、昆虫和花朵的秘方:在瓶口处小心地塞上一块浸过油的皮囊,再塞上一个覆盖着普通的蜡的软木塞,上面再用皮囊盖住,最后用樟丹或红铅把塞子涂上颜色。库廷还给了里德一些混合着鼠尾草和樟脑的蒸馏松节油。事实证明,库廷的指导是有效的,里德在1690年10月带回了107种植物的种子和植株,其中包括美国南瓜籽和名字很有趣的"法国药用坚果"(一种属于大戟科的美国热带灌木)。里德还为他的资助者带回了许多动植物标本。

但是,马丁·李斯特对里德收集的标本非常失望。他告诉卢维德,尽管"里德很好地完成了植物标本的收集工作",但是他在动物标本的收集上没那么成功,他在巴巴多斯收集到的贝壳并不能让马丁·李斯特感到满意。马丁·李斯特抱怨道:"我资助他是为了让他帮我收集标本,但实际上我并没有从他那里得到多少收获。他给了我四种巴巴多斯的陆生蜗牛的标本,但是并没有淡水蜗牛。这四种陆生蜗牛中,有三种是新物种但都非常小……其中有一种,他带回来了几百只,可见这种蜗牛在当地有多么常见。"马丁·李斯特对里德失望的另一个原因很可能是里德没有按照库廷给予的指示来收集贝壳,只"收集了小的贝壳,收集到的贝壳都没有人的拳头大,且总共也不超过两种"。

后来,马丁·李斯特有幸雇佣到休·琼斯牧师为他收集标本。休·琼斯是威尔士人,在1696—1702年将他在马里兰州收集到的许多标本提供给了马丁·李斯特。休·琼斯在1694年被牛津大学格洛斯特学堂录取,并在阿什莫林博物馆担任爱德华·卢维德的下属。琼斯还受雇于卢维德，在威尔士考察古迹，包括卡那封郡的一艘古代木船，并在威尔士西北的阿尔迪杜伊的30座古墓探寻古罗马铭文。琼斯显然需要一份报酬更高的工作，卢维德写道："如果你在这里的话，我可以帮你在蒂莫西·蒂勒尔爵士的儿子手下找到一份抄写员的好差事。"他还表示自己在试图为琼斯谋得校长的职务，两天前已经给"杰克·戴维斯写了信，如果可以的话，他可以帮忙在伯福德学院找到一份工作"。

然而，琼斯并没有成为一名校长。1694年，弗朗西斯·尼克尔森被任命为马里兰州州长，他需要一位对博物学感兴趣的牧师，他也有足够的资金向牧师提供资助。1694年1月10日，在马丁·李斯特看到他和卢维德的共同朋友塞缪尔·戴尔收藏的八种新的软体动物之后，马丁·李斯特告诉卢维德：

> 伦敦主教近一两日……正在寻求一位可以去西印度群岛和马里兰州的人，这个人将担任尼克尔森州长的牧师。伦敦主教负责推荐人选，并负责任命事宜。

寻找一位精通博物学的牧师的工作持续了好几个月，因为在卢维德看来，牛津大学的神学家和学院院长都没能"意识到博物学的价值"。但是，在1695年，有人推荐休·琼斯担任马里兰州州长的牧师。虽然他很仓促地被正式任命为牧师，但是他用行动证明了自己能够胜任这份工作。一直到1700年，他为伦敦的古董收藏家提供许多动植物的标本。正如琼斯所言："佩蒂弗先生需要贝壳和昆虫；杜迪先生需要苔藓、蘑菇和海草；詹姆斯·里德需要树和一些其他植物。"这样，詹姆斯·佩蒂弗和塞缪尔·杜迪与马丁·李斯特交换了标本。

最终，马丁·李斯特非常成功地为他创作《贝类史》得到了一些标本。

到1692年，他从不同收藏家和博物学家那里观察到许多标本，这让他的著作描述的物种得到了进一步拓展，包括了1073件贝壳、蛞蝓和其他软体动物。马丁·李斯特收集了一大陈列柜的标本，并将多余的标本捐赠给了阿什莫林博物馆和英国皇家学会的储藏室，其中包括1679年3月22日捐赠的"大型河蚌贝壳"。那时，马丁·李斯特已经有了标本和收集标本的人脉，接下来他需要一些艺术家来为他的标本绘制插图了。

绘制博物学插图

在收集贝壳标本之后，马丁·李斯特最初求助其他艺术家帮他绘制插图。马丁·李斯特在《英国皇家学会哲学会刊》上发表的论文和《动物史》中的版画都是由威廉·洛奇完成的。一开始，工作进行得很顺利，威廉·洛奇向马丁·李斯特保证："我的最高目标就是尽我所能地为你服务。"约克郡的古董收藏家约翰·布鲁克断言："马丁·李斯特觉得威廉·洛奇能够顺利完成委托，这太理想化了。为了满足对博物学的热爱和对准确性的要求，插画师应当毫无遗漏地展现标本的每一个细节。"尽管威廉·洛奇为马丁·李斯特关于海百合类生物的论文绘制的插图得到了众多好评，但是其他插图的绘制工作就没有那么顺利了。马丁·李斯特原本要求威廉·洛奇在1674年完成蜗牛版画的绘制工作，但是威廉·洛奇一再拖延，当威廉·洛奇最终提交图稿时，这些版画还是有所缺失的。1674年7月11日，亨利·奥登伯格在写给马丁·李斯特的信中表现出了一丝惶恐：

> 为了在本月完成出版工作，我又核对了一遍你关于蜗牛的论文的插图，但是我发现缺了编号14、15和16的版画，即大蛞蝓、背盾蛞蝓、黑蛞蝓的版画。请你尽快地告诉我，这是否出于疏忽；如果是的

话，希望你在方便的情况下能以第一责任人的身份处理这个问题，剩下的工作将由雕刻师来完成，这样制版工作便不会被拖延得太久。我相信你一定愿意弥补它。

然而，当马丁·李斯特想要纠正这个错误的时候已经太迟了，他在《英国皇家学会哲学会刊》上发表的有关蜗牛的论文中的插图，蜗牛壳的编号从1到13，再从17到27。马丁·李斯特充分利用这一点，描述了带有编号的插图，并将文本和"形象生动的由威廉·洛奇先生完成的贝壳插图"整合在一起。

威廉·洛奇住在约克郡偏远的阿诺德斯丁村里，这使得马丁·李斯特难以与他保持联系，在威廉·洛奇搬到了伦敦之后，就更难联系上了。威廉·洛奇还经常和他的朋友弗朗西斯·普莱斯一起进行为期三四个月的素描旅行。在

马丁·李斯特在《英国皇家学会哲学会刊》（1674）上发表的关于蜗牛的论文的插图

1678年一次去往威尔士的旅行中,他们穿过塞文河[1]进入威尔士,沿着南部海岸穿过斯旺西[2]和加的夫[3],又绕道前往拉内利、卡马森和哈德福韦斯特,最后抵达彭布罗克和滕比。他们在素描旅行中因为随意设定的路线使得当局对他们的身份产生了怀疑,当时因为"天主教阴谋"而令时局紧张。弗朗西斯·普莱斯和威廉·洛奇都曾因为被怀疑是耶稣会的间谍而被监禁。威廉·洛奇经常与外界失去联系,因而无法满足马丁·李斯特的委托要求。

1681年,艺术家兼约克古董收藏家协会的成员弗朗西斯·普莱斯从威廉·洛奇手中接过了绘制插图的工作,并为马丁·李斯特于次年出版的约翰·戈达特的《论昆虫》的注释版绘制昆虫蚀刻画。约翰·戈达特(1617—1668)是一位荷兰雕刻家和画家,他的爱好是在玻璃容器中饲养昆虫的幼虫,这些幼虫要么是他自己发现的,要么是他的邻居以及博物学家送给他的。马丁·李斯特让人把戈达特的画复制了下来,但是从马丁·李斯特草稿的笔记中我们可以推测,马丁·李斯特把普莱斯在铜版上蚀刻的一些生物又重新画了一遍。

《论昆虫》的注释版历经很长一段时间才得以出版。在这个版本的序言中,马丁·李斯特指出:"如果没有我的好朋友托马斯·柯克先生非常热心地帮我誊写并完善它,我可能无法完成这份翻译稿。这本书的初稿在七年前就写好了,时间已经够久了。"在马丁·李斯特手稿的结尾部分,我们可以看到一个注释:"这本书是马丁·李斯特博士赠予我的,由他亲笔书写……托马斯·柯克。"

---

[1] 塞文河是英国最长的河流,全长354千米,发源于威尔士中部。

[2] 斯旺西是威尔士第二大城市,也是重工业中心。

[3] 加的夫是威尔士的首府和第一大城市。

托马斯·柯克（1650—1706）是约克古董收藏家协会的成员、英国皇家学会会员、化学家、考古学家以及地理学家，他居住在利兹附近的库克里奇。在他自己的庄园里，柯克创建了一个古董博物馆，并设计了一个令人惊叹的迷宫，它拥有300多个独立的景观，吸引了来自整个英国的游客。柯克以其对昆虫的习性感兴趣而闻名，戈弗雷·科普利[1]爵士曾给他写过一封信，内容是关于"不久前降临在爱尔兰部分地区的大量甲虫，毁坏了数英里内所有树叶、水果和草"的。汉斯·斯隆还同柯克就矿泉水的问题进行了通信，这也是马丁·李斯特感兴趣的一个话题。

柯克还是一位业余的制图员，他会临摹《英国皇家学会哲学会刊》上发表的一些显微镜下的观察结果的插图。他还与英国皇家学会的印刷商和工匠保持联系，比如印刷商和地球仪制造者约瑟夫·莫克森[2]（1627—1691），以及《雕刻与蚀刻的艺术》（1662）的作者威廉·费索恩。这是第一本关于雕刻和蚀刻的英文书籍，很大程度上可以看作是亚伯拉罕·博斯[3]的《铜版上的雕刻方法》（1645）的英文版。柯克还有爱德华·诺盖特的《微型图》和《绘画艺术》的手稿复印件。马丁·李斯特赠予柯克的礼物似乎是认可了柯克对博物学和插图绘制的兴趣，以及对加入约克古董收藏家协会的兴趣。在马丁·李斯特的笔记中的一些昆虫版画上，我们确实可以看到柯克独有的字迹，他总结了昆虫的生命周期以及食物偏好。

1681年7月，马丁·李斯特在去法国的路上途经伦敦，他在英国皇家学会

---

[1] 戈弗雷·科普利是英国艺术品收藏家和保守党政治家。

[2] 约瑟夫·莫克森是英国印刷商，专门研究数学书籍和地图，是地球仪和数学仪器的制造商，也是数学词典的编纂者。

[3] 亚伯拉罕·博斯是法国艺术家，主要作品为蚀刻版画和水彩画。

展示了描绘着144种昆虫的14块版画。《论昆虫》的注释版是基于马丁·李斯特在17世纪70年代所做的观察完成的，与马丁·李斯特对昆虫寄生以及"自然发生"可能性的基于兴趣的研究息息相关。马丁·李斯特创作的《论昆虫》的注释版是最早准确描述昆虫生命周期的专著之一，关于该主题的作品还有马尔切洛·马尔皮吉关于蚕的专著《论虫》（1669），以及简·斯旺默丹[1]的《昆虫通史》（1669）。早期的昆虫学者如托马斯·穆菲特[2]，坚持"昆虫变形"的观点，认为昆虫生命的不同阶段的转换代表着它们将会从一种动物转变成另外一种动物。他将蝴蝶的幼虫描述成蠕虫，并把它们与蛹、蝴蝶区分开来，而不认为这是昆虫生命周期的三个阶段。穆菲特认为，每一种动物的存在都是由前期阶段死亡和腐败的动物，或是树叶或露珠的"自然发生"而产生的。穆菲特认为毛毛虫和蝴蝶是不同的动物，因而在书中把它们安排在不同的章节中。

马丁·李斯特肩负着为《论昆虫》进行组织结构重组的重任，他尽己所能做到最好，在每一个小节的结尾处都添加了自己的注释来纠正戈达特所犯的错误。马丁·李斯特还利用他对昆虫寄生的相关知识纠正戈达特作品中的错误，他指出戈达特所写的许多"毛毛虫"的"后代"实际上是寄生蜂的幼虫，"毛毛虫"是寄生蜂幼虫的食物，而不是母亲。马丁·李斯特在《论昆虫》的注释版的序言中写道（可能有点不公平）："戈达特似乎把研究昆虫习性当成一种兴趣爱好，而不是费尽心思地去理解它们，以避免给自己添麻烦。"

在马丁·李斯特撰写《论昆虫》的注释版的同时，马尔切洛·马尔皮吉正在用显微镜来解剖昆虫，并展示它们的解剖结构，他将动物与环境分开描述。

---

[1] 简·斯旺默丹是荷兰生物学家和显微镜专家。他对昆虫的研究表明，虫卵、幼虫、蛹和成虫是同一动物在生命中的不同阶段的不同形态。

[2] 托马斯·穆菲特是英国博物学家和医生。

但是，马丁·李斯特认为有必要尽可能多地在动物所处的生态位中描述它们。他还特别指出："为了完善博物学研究，博物学家必须精通植物学知识，因为植物是大多数昆虫的食物。"由于戈达特对昆虫的食物来源"一无所知"，所以他未能给出昆虫食用的植物的具体名字，使人们明确辨认出这些植物。马丁·李斯特描绘了蝴蝶及毛毛虫最喜爱食用的植物。《论昆虫》的注释版中插图不仅提供了一个更加完整的关于昆虫生命周期的描述，还可以用来鉴别哪种毛毛虫或"河虫"会侵害哪种木材，以此来判断哪些木材适合用作船舶覆板的原材料。由于"印度群岛的树木品种比欧洲多，所以人们很可能在那里可以找到不会被'河虫'侵害的木材"。关于昆虫生命周期的详细插图可以为早期经济植物的研究提供帮助。这些精美的图画以及精心排版的页面都将这些小生物变成了美好的事物。

为什么马丁·李斯特一直坚持图像不仅要美观，还要十分准确呢？这一是因为他自身具有艺术敏感性，二是因为他描述标本的目的。剧作家托马斯·沙德威尔[1]在他的作品《古董收藏家》中讽刺马丁·李斯特在蜘蛛学方面的工作。沙德威尔笔下的主要人物是古董收藏家尼古拉斯·吉姆克拉克爵士，他集合多位古董收藏家的性格特点于一身，包括罗伯特·胡克、罗伯特·波义耳。他被认为是一位为奇形雕像费尽心思的人，"他花了20多年的时间研究各种蜘蛛，却从来没有想要了解人类"。沙德威尔的评论显然是在挖苦马丁·李斯特。实际上，马丁·李斯特在1694年出版的《贝类解剖实验》（一本关于陆生贝壳和蛞蝓的全面解剖指南）的序言中承认，他知道自己在生物学领域的研究工作可能会"让读者笑话"。他还给他的朋友爱德华·卢维德写信说："有一些吹毛求疵的人认为一个在医学领域工作的人研究昆虫是不务正业的行为。"

---

[1] 托马斯·沙德威尔是英国诗人和剧作家。

在那时，软体动物和其他一些更为常见的物种，以及蜘蛛都被认为是昆虫。马丁·李斯特还表示"希望自己能够独自追求哲学中那些微不足道的事物"，他在这里指的是他在蜘蛛学和贝类学领域的研究工作。

在1683年，马丁·李斯特从约克郡搬到了伦敦，并创办了一家收益颇丰的医疗机构。公众对他的事业的看法对他所获得的职业尊重至关重要。昆虫和软体动物在视觉上有着令人愉悦的形象，有助于人们改变"对它们所进行的研究工作是微不足道的"的看法，以及"这是一位古董收藏家疯狂行为"的看法。美丽的插图让这些"低等"生物被认为是博物学领域的重要研究对象。因此，书中的插图可以看作是一位娴熟的医生、艺术家、鉴赏家、收藏家以及一位十分关注分类学的博物学家自我塑造的例子。

然而，随着时间推移，普莱斯的注意力从绘制博物学研究对象上转移走了。他的兴趣爱好通常是多种多样的，从赛马到钓鱼，再到追求好伙伴。他开玩笑地对他的朋友托马斯·柯克说："我们还是老样子，一路跋涉到这里，除了打听最好的'艾尔'啤酒在哪里以外，别的什么也不问。"在霍拉的影响下，普莱斯也改变了他的艺术流派，并开始绘制地形版画和已毁建筑的墨水画，如诺森伯兰海岸的班伯城堡[1]，这反映出普莱斯对古物的爱好，以及霍拉宽泛的工作范围，其中甚至包括各种各样的古文物研究项目。在父亲于1681年过世后，普莱斯继承了500英镑的遗产，并获得了每年30英镑的收入。因此，普莱斯对为马丁·李斯特绘制插图的工作愈发不重视，并转而追求自己在艺术领域的愿景也就不足为奇了。

现在，马丁·李斯特很难找到好的艺术家为他绘制插图了。就算他有了

---

[1] 班伯城堡是位于英国北诺森伯兰海岸线上城市班伯的一座城堡，是英国的一级保护建筑。

素描和版画，他仍然面临着与印刷厂协商沟通的艰巨任务。印刷厂通常不愿意出版博物类书籍，因为其中精细图像的制作成本很高，但市场规模很小。1681年，尼希米·格鲁作为英国皇家学会的秘书，为马丁·李斯特在《英国皇家学会哲学会刊》中的插图印刷四处奔波，在尝试了七八家印刷厂之后，他推荐了一家特别的印刷厂。不幸的是，这家印刷厂收取的费用并不低，尽管格鲁称"他答应我以每一百张8便士的价格印刷，而且用的墨水和其他印刷厂的墨水一样好……比我在其他地方找到的任何一家印刷厂便宜得多"。但最终，因为蚀刻这些图像和印刷《论昆虫》的注释版的成本太高了，马丁·李斯特不得不推迟了这本书的出版时间。英国皇家学会的另外一位秘书弗朗西斯·阿斯顿最终写道："英国皇家学会注意到你似乎正在为出版一本书而犹豫不决，如果能够帮助你推进工作进度，我愿意提前预订50本，我也相信大学会向你预订更多数量。"马丁·李斯特对此回应道，他非常感激阿斯顿的好意，他当然想要推动工作的进展，并且已经联系到约克郡的一位著名出版商约翰·怀特为对这本书感兴趣的读者印刷了150本限量版。

艺术与家庭

显然，马丁·李斯特需要找到其他方案解决绘制插图的问题。他突发奇想，把他的两个女儿培养成为插画师，为他的博物学作品绘制插图，并亲自印刷自己的作品。这也并非超乎寻常的事情，因为"当时有相当一部分女性在学术和专业科学机构之外默默为博物学研究做出贡献"。17世纪，在专业的科学实验室被建立之前，家庭住宅常常成为研究和实验的场所。正如法国科学史学者安妮塔·格里尼描述的那样，"研究科学的厨房"或"做可怕实验的厨房"（这取决于你的思维方式）被当作在家中进行解剖研究的场所，"烹饪活动使用的工具、技术与解剖动物和人体需要使用的工具、技术在很大程度上是相似的；制作食物、制备药物和做科学实验可以结合起来，使用共同的烹饪工具和感觉器官（包括味觉器官和嗅觉器官）"。厨房还是开展化学实验的场所，蒸馏药剂和药物与理论研究密切相关。贵族的住宅也可以作为植物研究实验室，博福特公爵夫人玛丽·萨默塞特将她的贵族住宅伯明顿庄园贡献出来用作国际植物交流网络的工作场地。在那里，所有植物标本被处理、绘制插图和编目，玛丽·萨默塞特也因此收获了12卷植物标本集，其中花朵的插图是由艺术家埃弗拉德·基奎斯绘制的。埃弗拉德·基奎斯为汉斯·斯隆的《牙买加博物志》绘制了植物插图，这是最早的关于牙买加的动植物的书籍。埃弗拉德·基奎斯原画的特点是使用不透明水粉画颜料的白色高光来凸显标本的立体感。

基奎斯试图挑战绘画和植物学的传统，为获得引人注目的视觉效果，他将土壤中植物被解剖的根部也描绘了出来。它们似乎遵循着一种想象的分类规则，而不是自然的分类原则。因此，公爵夫人在这些画作和植物中找到了一种新的情感，她在忧郁和抑郁时能够得到慰藉也就不足为奇了。

因此，马丁·李斯特想要将住宅作为绘制科学插图的场所的想法符合当时博物学研究的实际情况。他让女儿绘画和描绘贝壳这件事也被认为是符合女性在艺术上天生具有的敏感性的。因为女性收集这些美丽的标本，并应用艺术手法描绘这些标本，在当时被认为是十分符合女性的追求的。马丁·李斯特请他的女儿为他工作也揭示了18世纪相对普遍的一种现象：让女性成为博物学研究的助手。比如玛丽·特拉尔曾在博物学家勒内·安托万·费尔绍·德·列奥米尔的私人宅邸于泽酒店里对埃莱娜·杜穆斯蒂尔绘制的博物插图进行分析。自1736年起的11年里，她为列奥米尔绘制的素描及所做的自然研究得到了巴黎科学院提供的报酬，总计超过8750利弗（约合380英镑）。弗朗茨·迈克尔·雷根福斯为了出版他的《蜗牛、双壳类及其他贝类》（1758年出版于哥本哈根），也请他的妻子玛格蕾莎·海伦娜为这些精美的金属板手工上色。这本书后来由丹麦及挪威国王弗雷德里克五世出资印刷，是一本罕见的由皇家资助的出版物。

在本书的前文中，我们提到马丁·李斯特在1681年给他的妻子哈娜写了一封信，信里让妻子帮他们的两个女儿11岁的苏珊娜和9岁的安娜，把贝壳里的颜料先收起来。在找到其他艺术家为《论昆虫》的注释版绘制插图的事情出现问题之后，马丁·李斯特便迫不及待地教他的两个女儿如何画水彩画和素描，更重要的是，他可能还要教她们如何蚀刻和雕刻博物标本的版画，以帮助他完成《贝类史》。大多数文字都是直接刻在印版上的，马丁·李斯特通过这种方式减少支付给排字工人的费用。他把尽可能多的制作工作交给家中那两位无须支付薪水的女儿来做。马丁·李斯特对两个女儿的教育大概是从约克郡的家里开始的，并在1683年全家搬到伦敦威斯敏斯特的旧宫院后一直延续下去。这可以进一步实现马丁·李斯特想要在伦敦成为一位有名望的医生的抱负。

马丁·李斯特本人是有能力成为他两个女儿的老师的。虽然他聘请了弗朗西斯·普莱斯和威廉·洛奇来为他蚀刻和绘制版画，但他本人也是一位技艺精湛的艺术家。这不仅仅体现在他为《论昆虫》的注释版绘制的插图上，作为一位艺术家和资深的博物学家，马丁·李斯特的艺术水平还体现在1685年出版的《贝类史》的第一册《论贝壳》的手稿和印刷稿中的插图上。阿什莫林博物馆管理员威廉·哈德斯福德（1732—1772）在这本书手稿的最后几页的注释中写道"这是属于马丁·李斯特博士的，很有可能是一本随身携带的笔记本，在他撰写关于贝壳的书籍时使用过"，而且"这部手稿中有一幅画，应该是安娜·李斯特或苏珊娜·李斯特绘制的，她们为这本书绘制了插图"。

虽然很不幸我并没有在手稿里找到肖像画，但还有其他插图：书的第一页有一张图，是马丁·李斯特画的一只死了的红梅花雀，"据说这种鸟来自东印度群岛"。马丁·李斯特在注释中翔实地描述了这种鸟的大小和颜色，"和知更鸟胸脯的红色很像"。马丁·李斯特还在注释中提到，在弗朗西斯·威洛比于1678年出版的《鸟类学》中描述过这种鸟。马丁·李斯特绘制了原产于巴基斯坦、印度、尼泊尔和孟加拉国等地的红梅花雀的插图，并详细地阐述了其雀状喙和像百灵鸟的爪子，这些特征使它成为独特的物种，其特有的斑点羽毛在铅笔绘制的素描中被描绘得非常美丽。因为马丁·李斯特曾经与约翰·雷合作完成了弗朗西斯·威洛比去世后遗留的工作，并将鸟类标本捐献了出去，所以马丁·李斯特对鸟类的外形特征有着如此敏锐的感受力，这种能力对从事鸟类分类学研究是很有必要的。马丁·李斯特对鸟类有着广泛的兴趣，在1670年与约翰·雷交流的信件中，马丁·李斯特提出了一种明确的鉴别环颈鸫的方法，这种鸟是他在约克郡克雷文区卡尔顿发现的。约翰·雷在《鸟类学》的序言中提到，"我尊敬的朋友马丁·李斯特"做了两三项观察结果，其中包括鸫和知更鸟的食性，马丁·李斯特还做了一个实验，每天从燕子窝里拿走一只蛋，目的是促使燕子"连续产下19只蛋"。

这部手稿中还有另外三幅画，它们以版画的形式出现在马丁·李斯特在《英国皇家学会哲学会刊》上发表的两篇文章里。前两幅海百合的插图是威廉·洛奇为马丁·李斯特于1673年发表的一篇论文绘制的。第三幅插图是为了马丁·李斯特在1683年完成的一篇关于罗马祭坛的论文绘制的，马丁·李斯特在那时已经不聘请洛奇或普莱斯当插画师很久了。这可以表明，这幅画是由马丁·李斯特本人创作的，或者是他和女儿合作的成果。在这幅关于罗马祭坛的素描上有以下这样的题词：

> 马丁·李斯特博士把这个祭坛作为礼物送给了非常著名的、成就颇高的约翰·霍斯金斯准公爵，他是一位神学博士，也是最可敬的英国皇家学会会长。这个祭坛近来在泰恩河[1]河口附近被人发现，位于河流的南岸，邻近达勒姆教区的小镇希尔兹。它（祭坛的版画）是用

---

[1] 泰恩河是一条位于英国东北部的河流。

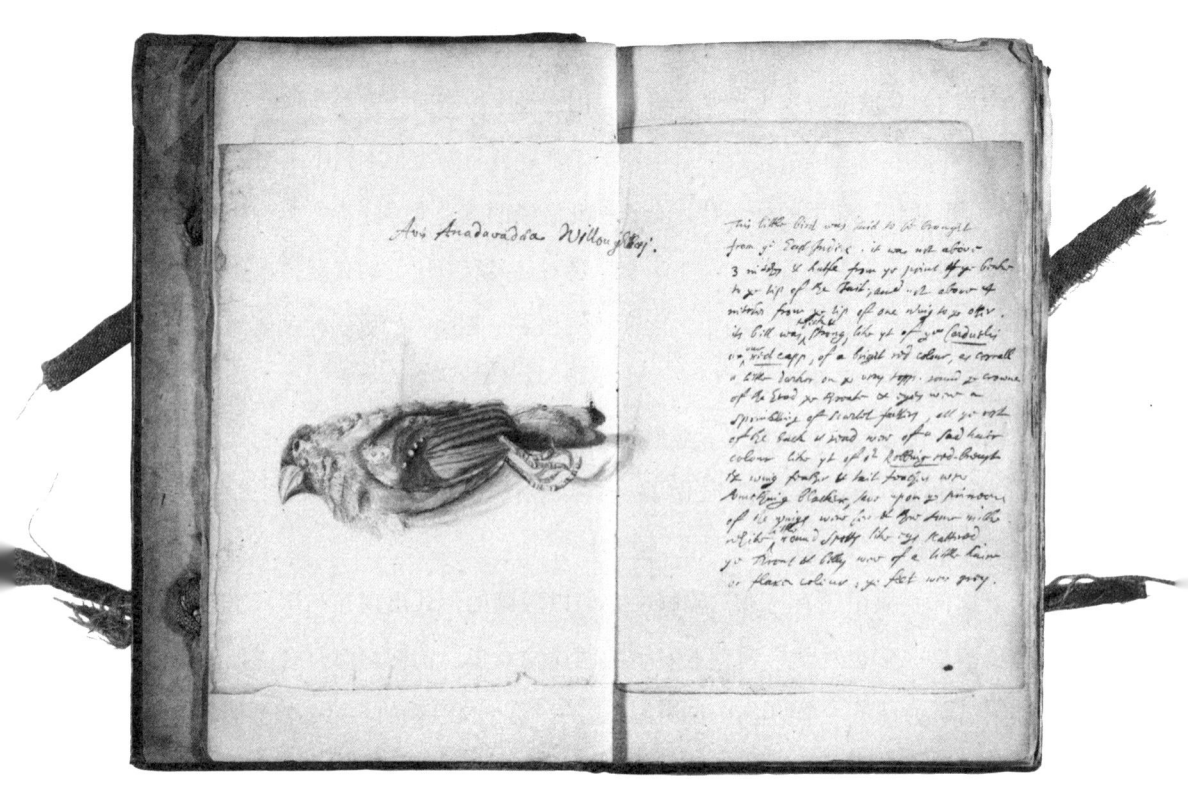

马丁·李斯特画的红梅花雀和旁注笔记。他的标题表明,他的一些描述是从弗朗西斯·威洛比的《鸟类学》(伦敦:约翰·马丁出版社,1678)第194页的相关内容借鉴而来的

铜版雕刻印制的,非常讲究和优雅,于1682年在约克郡印刷。

虽然祭坛的版画被捐给了英国皇家学会,但是马丁·李斯特把祭坛的实物捐赠给了当时刚刚成立的阿什莫林博物馆。这个祭坛与那里的另一个古罗马祭坛,很快和受人尊敬的伊莱亚斯·阿什莫尔先生捐赠的藏品一起,让阿什莫林博物馆的藏品迅速丰富起来。

这个祭坛是一系列捐赠的藏品的一部分。1682年9月,马丁·李斯特第一次向阿什莫林博物馆捐赠了一些他收藏的古董和博物标本。阿什莫林博物馆的管理员罗伯特·普洛特告诉马丁·李斯特："我正忙着把答应替你照看的黑麦草和其他植物给你送过去。"他还写道：

> 与此同时，我希望你可以留意一下把祭坛上的石头寄给我们的事情，你答应过要把它添加到我们已有的珍贵的藏品中，（我敢说）你也会把省下的钱拿出来给我那可怜的柜子添置物件。

马丁·李斯特不仅向阿什莫林博物馆捐赠了祭坛，还把大量罗马硬币、瓮和陶器也捐了出去。这些都是马丁·李斯特在《英国皇家学会哲学会刊》上发表的几篇文章的研究对象。这个罗马祭坛是在卡拉卡拉[1]和盖

马丁·李斯特捐赠给阿什莫林博物馆的希尔兹祭坛的素描

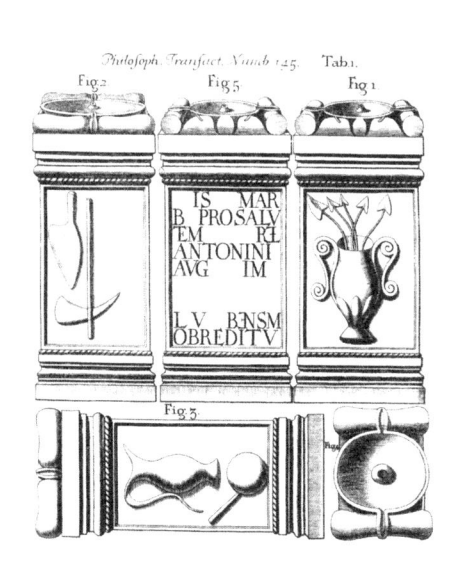

1683年《英国皇家学会哲学会刊》上的希尔兹祭坛版画

---

[1] 卡拉卡拉是塞普蒂米乌斯·塞维鲁的大儿子和罗马皇帝。他杀死他的弟弟塞普蒂米乌斯·盖塔和他的支持者来巩固他的皇位。

塔[1]共同统治时期，塞普蒂米乌斯·塞维鲁于211年在约克郡过世后建造的。它也是阿什莫林博物馆藏品的一部分，现藏于阿尔贝亚古罗马军营遗址博物馆。

1684年，由于马丁·李斯特慷慨捐赠藏品，牛津大学授予他荣誉医学博士学位，这也许就是马丁·李斯特把希尔兹祭坛捐赠给了阿什莫林博物馆，而不是英国皇家学会的原因。这个祭坛被放置在阿什莫林博物馆入口的一侧。因为马丁·李斯特还捐赠了大量图书，所以他的名字和伊莱亚斯·阿什莫尔的名字一同被漆成金色，印在楼梯顶上图书馆大门的上方：伊莱亚斯·阿什莫尔和马丁·李斯特。直到18世纪，阿什莫林博物馆还有一个房间设有马丁·李斯特的珍贵藏品的专柜。在马丁·李斯特向阿什莫林博物馆捐赠藏品时，他有意地做了一个决定，即将私人藏品转变为面向公共展览的藏品，以展示其对博物学和古物研究（后来的考古学）的重大贡献。在创作关于贝类的著作时，他也有着同样的目标。

马丁·李斯特认为古董研究和博物学之间有着非常紧密的联系。他的想法也是17世纪末古董收藏家普遍的想法。正如丹尼尔·沃尔夫所指出的，到了17世纪末，一种研究古董的方式开始变得更加流行：古物学家在分析古董和随葬的手工艺品过程中考虑博物学和地形学的因素。与马丁·李斯特同为英国皇家学会会员的罗伯特·胡克也将这些古物学家的研究方法用于博物学研究之中，尤其是关于化石和地质学的研究。有一次，在英国皇家学会发表演讲时，罗伯克·胡克说道：

正如古钱币能够很好地向古物研究者表明：这里曾经被一位王

---

[1] 塞普蒂米乌斯·盖塔是塞普蒂米乌斯·塞维鲁之子、卡拉卡拉之弟，在塞普蒂米乌斯·塞维鲁去世后，塞普蒂米乌斯·盖塔被宣布和其兄卡拉卡拉同为共治皇帝。

子管辖，这些贝壳化石也可以向博物学研究者证明：这个地方曾经位于水面之下，有着这样的动物，而地球表面曾经发生过沧海桑田的变化。我认为似乎是上天设计了这些永恒的形状，以此向未来的人们讲述过去的故事。

在罗伯特·胡克看来，博物学家对于化石的研究工作和古物学家对随葬物品的研究工作很相似。和罗伯特·胡克一样，马丁·李斯特也有考虑过"物种灭绝"的假设，他没有忽视"化石是不适应自然环境变化的生物"的可能性。

马丁·李斯特把希尔兹祭坛捐赠给阿什莫林博物馆之后，又把他的祭坛图和版画捐给了英国皇家学会，并在文章中指出，自己"仔细设计了祭坛的各个侧面图，把顶部平面图也送给了英国皇家学会"。与实物祭坛相比，马丁·李斯特描绘的祭坛图可以说是相当准确，他绘制的博物插图也体现出了这种准确性。他把这项技能传授给他的女儿们。

李斯特姐妹的画作

过去，人们往往缺乏对李斯特姐妹作品进行评价的热情。在《贝类史》中，安娜·李斯特和苏珊娜·李斯特用精心雕刻的边框的印版给插图镶边，并不加掩饰地添加了具有女性特色的带着鲜花和水果装饰的章节标题。可以说，安娜·李斯特和苏珊娜·李斯特（在她们父亲的指导下）将每一个贝壳置于精致的巴洛克式边框内，仅仅是出于其本性的好奇心，以凸显贝壳的美。毕竟，对大多数收藏家和近代早期博物学家来说，有生命的软体动物的重要性是无法与令人赏心悦目的贝壳相比的。通过这种方式，李斯特姐妹向世人展现了一种审美观：收集罕见的事物纯粹是出于好奇或是因为这些事物的美丽，这种审美观推动了文艺复兴时期博物学的古老传统重新焕发生命力。

因此，一些历史学家将《贝类史》视为一本装饰性的艺术作品，而不是科学研究读物。正如历史学家巴尔巴拉·斯塔福德[1]所言：

> 尽管他是英国皇家学会的会员，但马丁·李斯特的作品属于巴洛克式光学认识论风格……精心雕琢的镀金边框与旨在强调随机性的构图将贝壳呈现为别致的素描图，而不是曾经生活在海洋中的动物的可文本化的信息。因为没有比例尺，一块巨大的菊石的尺寸并没有被很好地呈现出来。

然而，有些证据似乎与上述评价相矛盾，正如历史学家艾玛·斯派伊所说，因为"把科学性和艺术性都呈现出来是不可能的……这些作品的内容确实是难以理解的，这些作品试图以艺术手段表达专业知识，尤其是作者已经学会的专业知识"。但是，我们必须对这些作品进行解读，而且这些作品中也包括专业的知识。

简单来说，马丁·李斯特教授给苏珊娜·李斯特和安娜·李斯特绘制博物插图必备的技巧，并传授谨慎处理细节的经验。他细致地指导她们在艺术方面的发展，并传授有助于辨别类型特征的精准度标准，以将不同种类的软体动物外壳和化石区分开来。有证据表明，当李斯特姐妹在绘制标本时，她们的父亲可能就坐在旁边指出她们应当记录的特征。当马丁·李斯特委任艺术家威廉·洛奇为他的《动物史》（1678）绘制插图时，他在序言中提到，自己需要通过对这些动物的习性和生活进行极其细致和准确的观察，以做到准确鉴定物

---

[1] 巴尔巴拉·斯塔福德是一位艺术史学家，他的研究主要集中在启蒙运动以来的成像艺术、光学和表演技术的发展。

种。他也一直坚持以高标准完成插图的绘制工作。马丁·李斯特表示，他设法确保"几乎所有的动物插图都是在我在场的情况下完成的。我的目的就是让这位优秀的艺术家不只是表达他的个人理念。为了实现这一点，我会在最开始时用手指指出我特别希望每一个物种被展现出来的特征"。

在伦敦科学博物馆的档案中，有一本马丁·李斯特为创作《贝类史》使用的素描本，里面是他的女儿们用铅笔和墨水绘制的作品。素描本的首页似乎是一张简略的地图，上面用符号标明了贝壳化石和菊石被发现的地理位置，这些符号与画好的素描一一对应。有一些素描还附有批注，说明它们已通过了检查，可以用于制作印版并编入最终版的书中。

在一幅关于鲨鱼牙齿化石的素描中，马丁·李斯特的女儿修正了鲨鱼牙齿化石上的线条，这是最终图样旁边的草图。有时候，他的女儿会遇到不完整或破损的标本，那么在绘画的过程中，她就要"填补"缺失的部分。一幅珍珠鹦鹉螺壳的素描展示了标本表面的样子，但也将壳"切开"展示了内腔。

尽管其他几幅素描显示一些软体动物化石是嵌在岩层之中的，其中就包括马丁·李斯特喜爱的海百合类生物，但他当时无法确定那是软体动物的遗骸还是自然形成的石头。有时，马丁·李斯特为了试图确定化石代表的生物是否还存在对应的物种，他会把例如帽贝科物种的化石放在距今年代更近的标本旁边。

后来的一些菊石图显示了相当复杂的三维结构：菊石缝合线不同的模式、与外壳内部或隔片连接的特征线。罗伯特·胡克关于菊石缝合线的插图发表在他的遗作（1705）当中，但是马丁·李斯特在1685—1692年出版的《贝类史》中就发表了关于菊石缝合线的插图。根据现代古生物学研究，从三叠纪到白垩纪，菊石发展出了更复杂的缝合线，有许多鞍和裂片。猜测马丁·李斯特和他的女儿是否注意到这种趋势是一个有趣的问题。他们创作的版画也显示出了菊石的缝合线从简单到复杂的发展过程。

苏珊娜·李斯特于1685年绘制的珍珠鹦鹉螺壳的素描,她的签名在左下角

马丁·李斯特为他女儿绘制的一幅海胆淡墨画做了标注,指出她需要修改海胆的底边和形状。例如,他写道"图中a、b部分和c、d部分之间的间步带区的底部比实际大了一些","图2中的a、b、c、d、e、f部分应该画得小一些"。通过这样细心的指导,马丁·李斯特为女儿指出动物的特征,并教会她们"感知习惯的本体论"。换句话说,虽然新手看到的是一般外在形式和明显的颜色,但在有了必备的经验和训练之后,便能够辨别一些重要的表面特征、类型特征和细微差别,能够对标本进行区分、分类和准确描绘。苏珊娜·李斯特和安娜·李斯特从感知能力提升中体验到了乐趣,她们在训练自己用眼观察事物和用手绘制插图的过程中积累了丰富的经验,这一点在书中的插图上有所体现。随着《贝类史》的各册在1685—1692年陆续出版,马丁·李斯特的女儿作为插画家的绘画技巧也变得更加娴熟,她们不仅具有敏锐的观察能力,还有良好的辨别能力。

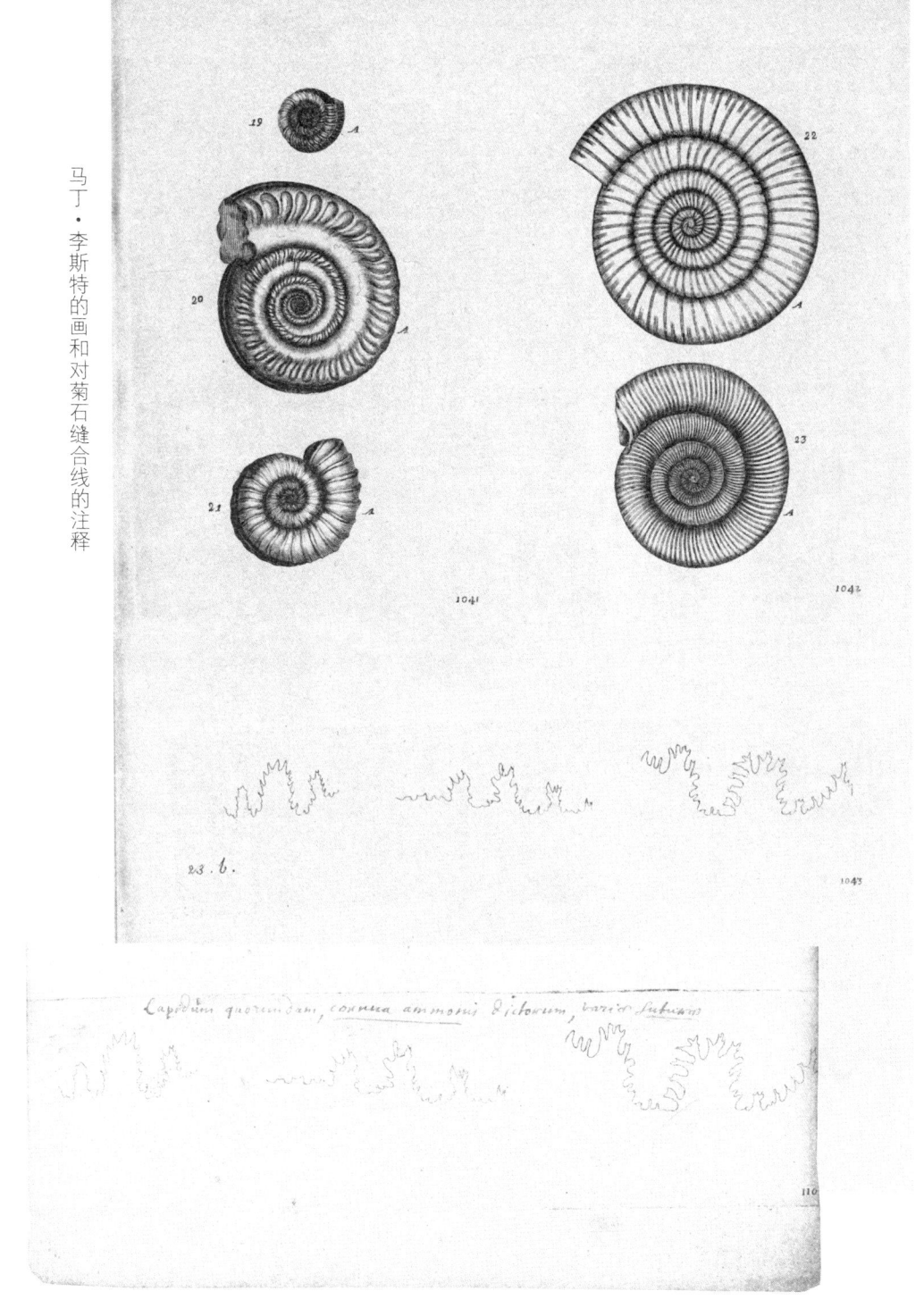

马丁·李斯特的画和对菊石缝合线的注释

《贝类史》中描述菊石缝合线的插图

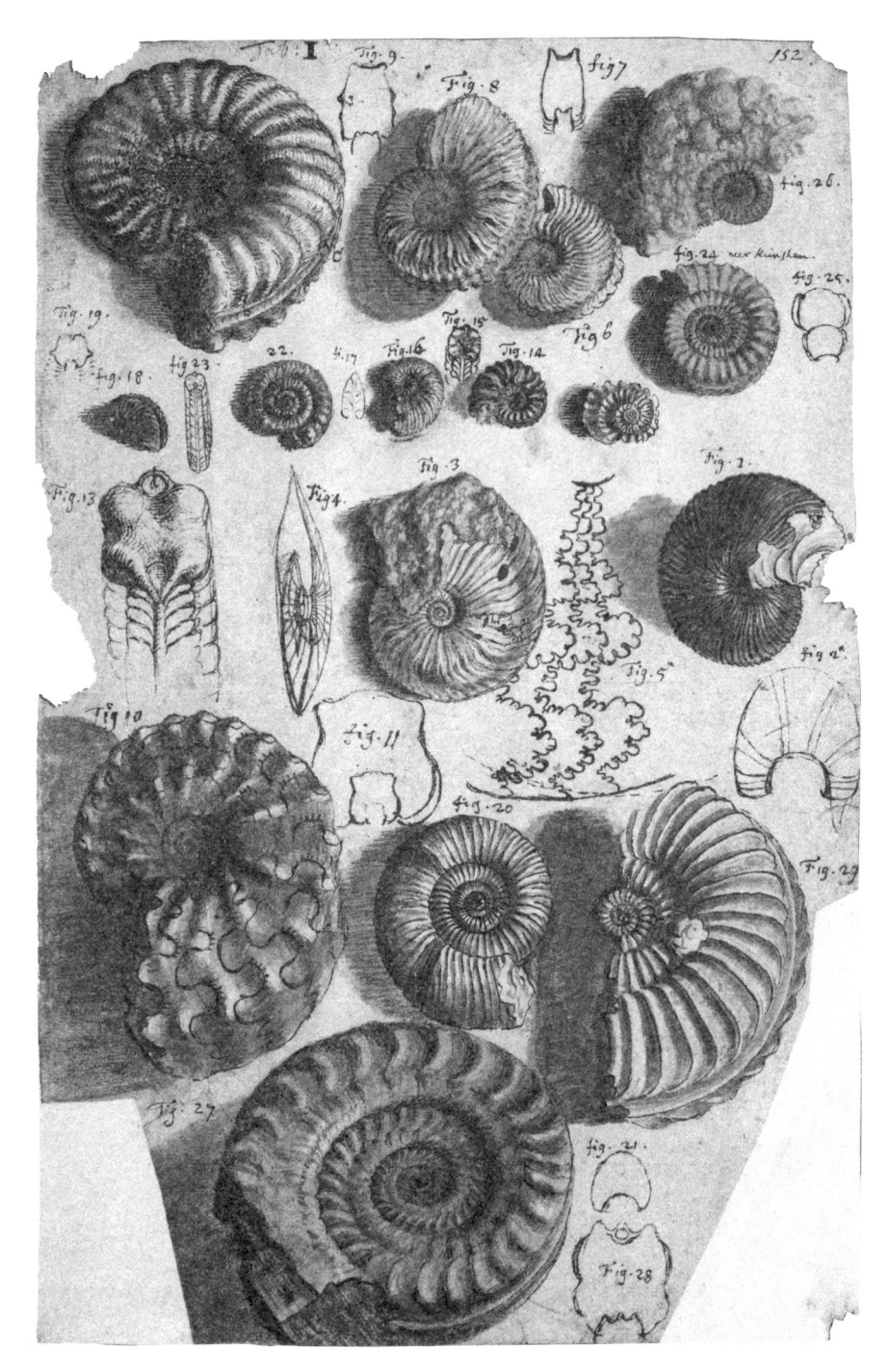

罗伯特·胡克画的菊石素描图，描绘了螺层间的缝合线

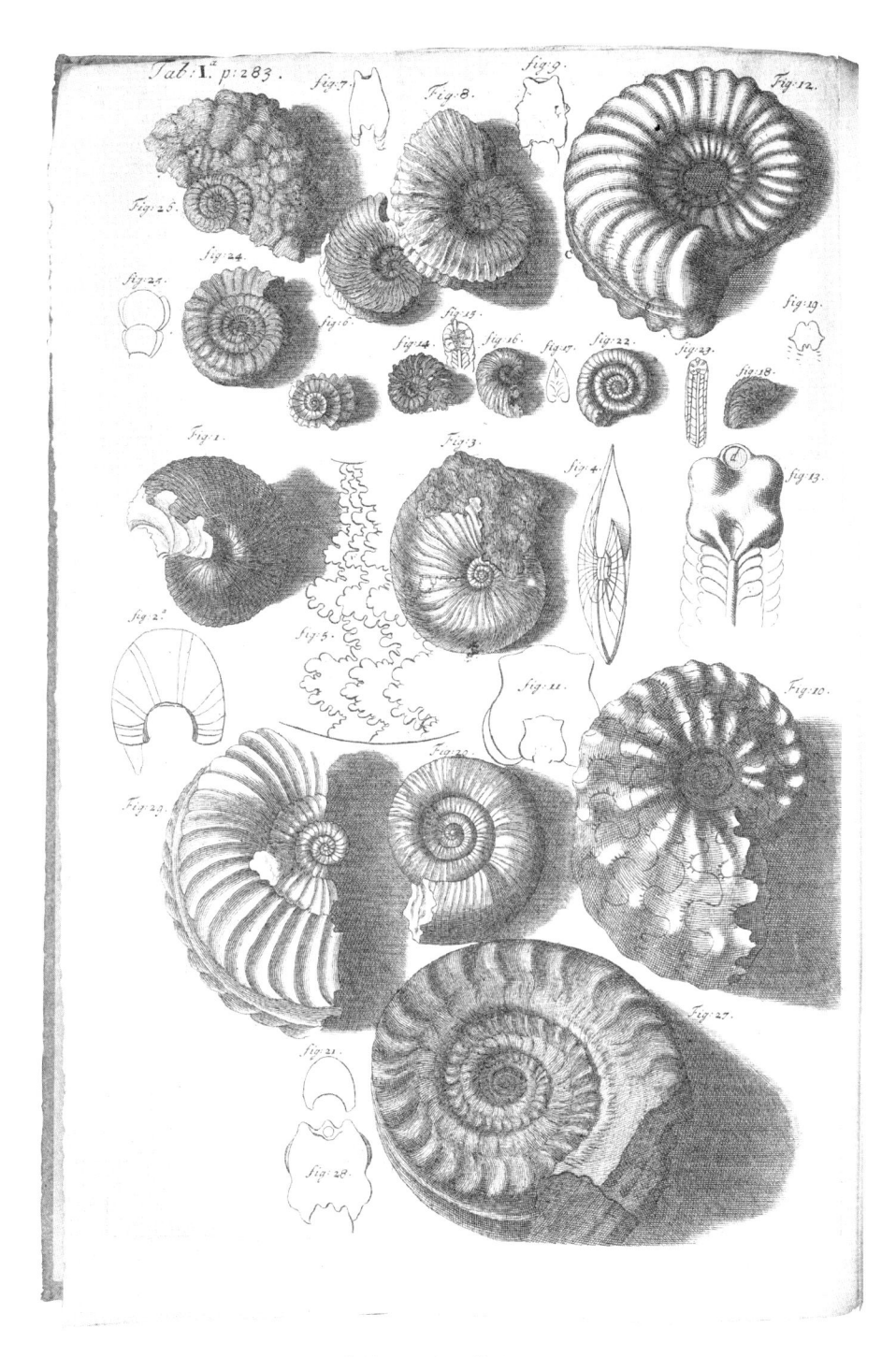

罗伯特·胡克画的菊石版画

贝壳的游戏

129

我们知道苏珊娜·李斯特和安娜·李斯特在十多岁的时候为马丁·李斯特绘制贝壳,因为在《贝类史》第一册《论贝壳》(1685)的扉页中可以看到她们的名字。在马丁·李斯特给他的朋友汉斯·斯隆的一本《论贝壳》中,马丁·李斯特亲笔写下了关于苏珊娜·李斯特和安娜·李斯特描绘或绘制插图经过的说明;《贝类史》后续各册的扉页中都有"苏珊娜·李斯特和安娜·李斯特绘图""苏珊娜·李斯特和安娜·李斯特制图"的字样。

李斯特的女儿们描绘的一些贝壳仍然存世。收藏家威廉·库廷把自己收藏的贝壳借给马丁·李斯特,让他的女儿们绘制贝壳素描。威廉·库廷保存了自己在1689—1702年购买的贝壳的清单。在威廉·库廷去世后,汉斯·斯隆不仅为他写了墓志铭,还买了他的藏品,其中包括贝壳。许多贝壳现今都收藏于英国自然历史博物馆中。(威廉·库廷的一些艺术藏品可能也在汉斯·斯隆创立的大英博物馆里;汉斯·斯隆在他的《杂记目录》中记录了他的一根山楂子树的木棒,或者称之为权杖,上面印有库廷的纹章。)斯隆后来整理了自己收集的贝壳的清单,描述了贝壳的地理位置及其商业来源。

英国自然历史博物馆软体动物部负责人盖·威尔金斯(1905—1957)将斯隆的贝壳藏品进行了编目,我们因此可以查询马丁·李斯特撰写《贝类史》用到的一些贝壳原始标本的来源。盖·威尔金斯在被任命为软体动物部负责人之前,是一位商业艺术家和热心的业余贝类学家。他敏锐的观察力、丰富的科学知识以及审美观对他鉴别软体动物的工作是至关重要的。在17世纪,现在普遍采用的分类学方法双名命名法还没有出现,科学插图的绘制也没有固定的规则。追溯贝壳的来源以及分析苏珊娜·李斯特和安娜·李斯特描绘标本的技巧,有助于我们理解马丁·李斯特和他的女儿为物种分类和鉴定制定的标准。

他们把成体、幼体和卵一起描绘。李斯特姐妹用这种方式绘制了收藏于英国自然历史博物馆的一种贝类——横纹蛾螺。这是一种产自苏里南的海螺,有一个很大的心室外壳。其与众不同之处在于它有巨大的、白色的卵,大约和乌

马丁·李斯特纠正女儿对海胆的错误画法的注解，向她们强调海胆间步带区的底部应该画得小一点

> The sutures a.b & c.d. in fig. 1. & a.b.d.e.f. in fig. 2 ought to be a small matter contracted: I mean ye sutures as they ought to be brought somewhat nearer together so as to enlarge ye fimbria at C fig. 2 some small matter.
>
> The Plates between ye sutures a:b:c: l'are somewhat less at ye bottom then they are in ye life &c.

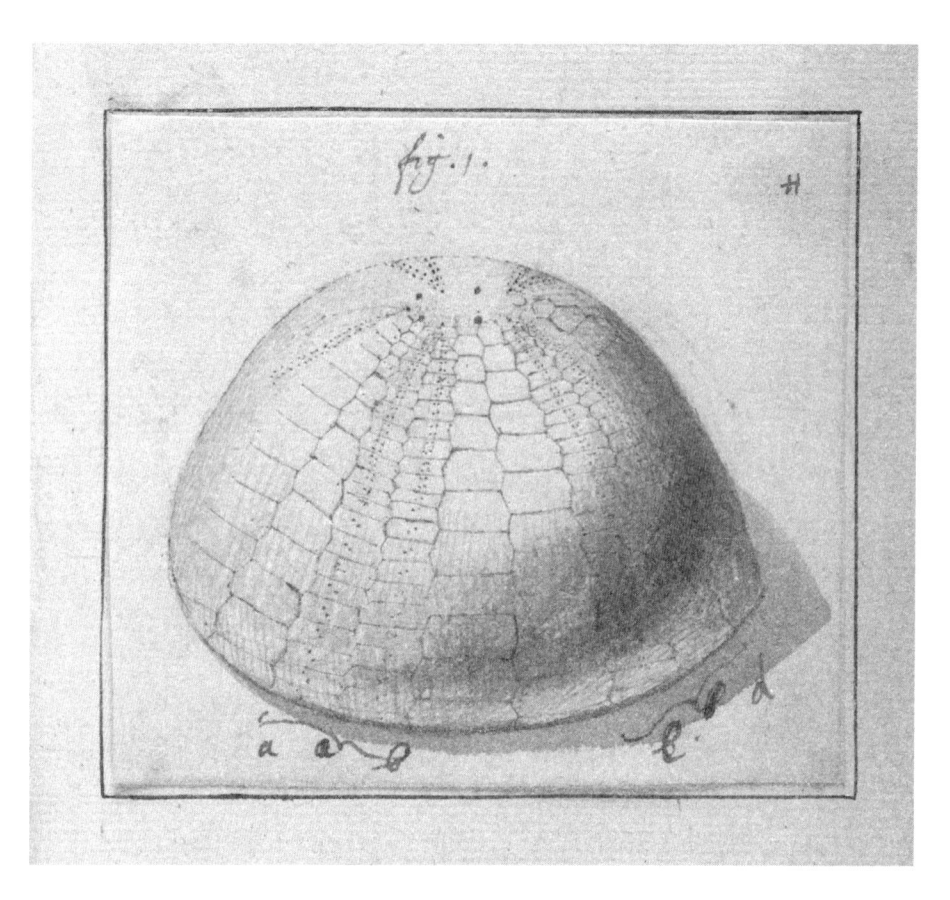

马丁·李斯特的女儿画的海胆淡墨画

鸫蛋差不多。1689年7月,威廉·库廷在他的清单中记录下他花了15英镑买下的这个带着卵的标本,并指出这些卵是在距离树篱底部大约1英寸[1]的地方被发现的,卵清是一种有光泽的物质。威廉·库廷的观察很有先见之明,在20世纪初,新鲜的蜗牛卵卵清被广泛用作修补瓷器和玻璃的黏合剂,据说这种卵清的使用效果比任何人造物质都好。

---

[1] 1英寸 =2.54厘米。

1690年4月8日，马丁·李斯特在给爱德华·卢维德的信中再次提到了软体动物。马丁·李斯特写道："有一天，苏里南总督送给查尔顿先生一只比鸡蛋还小的陆生蜗牛。然而，它产下的卵有着坚硬的壳，像麻雀蛋那么大；刚孵化出来的幼体蜗牛和卵一样大。卵上有细长的条纹。"关于卵的大小的谜题成了博物学家讨论的话题，正如卢维德向博物学家约翰·雷描述的那样："马丁·李斯特告诉我，查尔顿先生最近得到了一只来自苏里南的陆生蜗牛，它本身比一只鸡蛋还小，而这种蜗牛产的卵与麻雀蛋一般大；从卵中孵化出来的蜗牛和卵一样大。"约翰·雷觉得这个物种很不寻常，他不明白为什么刚孵出来的小蜗牛和卵一样大。

马丁·李斯特的《贝类史》中这种蜗牛的插图显示，这种蜗牛的特征是其壳盖上有一个明显的"嘴唇"。这是该物种的一个可变特征，可能表明性成熟。英国自然历史博物馆的藏品中并没有马丁·李斯特女儿们描绘的这种蜗牛。这并不奇怪，也许在汉斯·斯隆买下威廉·库廷的藏品后，这个标本损毁了。（汉斯·斯隆在购买清单中记录了编号为1895的标本："一种微微泛紫、又厚又大的来自苏里南的陆生蜗牛。"汉斯·斯隆还指出这种蜗牛的图位于马丁·李斯特著的《贝类史》中的图23。）马丁·李斯特画的蜗牛幼体比同一幅图中的卵大一点，这很有可能是因为送给库廷的一些卵孵化了，这些蜗牛幼体在运输过程中长大了。马丁·李斯特也记录到，他还得到同一类型的另一件标本，与带着卵的陆生蜗牛大致相同，他将这种蜗牛的插图放在《贝类史》中的下一幅图中。根据马丁·李斯特为创作《贝类史》的一本草稿记录本上内容显示，这个标本也是马丁·李斯特从威廉·库廷那里借来的。马丁·李斯特后来把他的女儿们制作的蜗牛版画送给威廉·库廷以示感谢；1690年4月，威廉·库廷在他的清单中记录了"一整页来自苏里南的蜗牛卵的画"。

在探寻标本来龙去脉的过程当中，我们还可以发现威廉·库廷在获得标本的方式上与其他人有一些小小的区别。马丁·李斯特以为，这是苏里南总督送给威廉·库廷的礼物，但实际上这只是一笔纯粹的商业交易。一份礼物显然会让威廉·库廷更有面子，因此很有可能是威廉·库廷误导了马丁·李斯特，也可能是马丁·李斯特自己误解了标本的来源。正如我们所见的那样，威廉·库廷一生都被经济问题所困扰，但他仍然耗费将近8000英镑的巨资购买藏品。我们可以试着推测，为什么威廉·库廷想要隐瞒其在经济状况不稳定的情况下仍然花费巨资购买藏品的事实，这是一个有趣的问题。

马丁·李斯特和他的女儿们也从汉斯·斯隆那里借来了一些威廉·库廷没有的藏品，比如帽贝科的颗粒帽贝——一种真正的帽贝。英国自然历史博物馆中收藏的汉斯·斯隆关于贝壳手稿的清单表明：这个来自几内亚的标本是由斯塔普霍斯特先生提供的，表面凹凸不平。斯塔普霍斯特先生很可能是尼古拉斯·斯塔普霍斯特，他是药剂师协会的化学操作员，以及出版于1685年的《伦敦化学》的作者。汉斯·斯隆在药剂师协会学习时，和尼古拉斯·斯塔普霍斯特一起住在伦敦的沃尔特巷，尼古拉斯·斯塔普霍斯特可能是汉斯·斯隆的导师兼室友。还有一种可能是，斯塔普霍斯特先生是指尼古拉斯·斯塔普霍斯特的兄弟巴托尔德·斯塔普霍斯特。巴托尔德·斯塔普霍斯特是一位生活在鹿特丹的商人。莱顿大学植物学和医学教授彼得罗斯·霍顿（1648—1709）在给汉斯·斯隆的一封信中，建议他从尼古拉斯·斯塔普霍斯特的兄弟巴托尔德·斯塔普霍斯特那里获取书籍和标本。

苏珊娜·李斯特和安娜·李斯特在绘制帽贝插图时，为了方便辨认，她们以1:1的比例绘图。她们把帽贝平放在纸上，沿着它的外周临摹，以便在最终版的插图中准确地描绘出它的边缘。因此，当我们把帽贝放在版画上时，标本和插图是完美匹配的。我们可以看到马丁·李斯特在描绘英国自然历史博物馆中的丽鳞栉孔扇贝标本时也运用了相同的绘图手法。这个丽鳞栉孔扇贝的标本是选模标本。选模标本是被选出来作为某物种确定"类型"的标本，因为马丁·李斯特的《贝类史》中有关于该物种最早的记录。马丁·李斯特在《贝类

横纹蛾螺的版画、草稿和淡水彩画

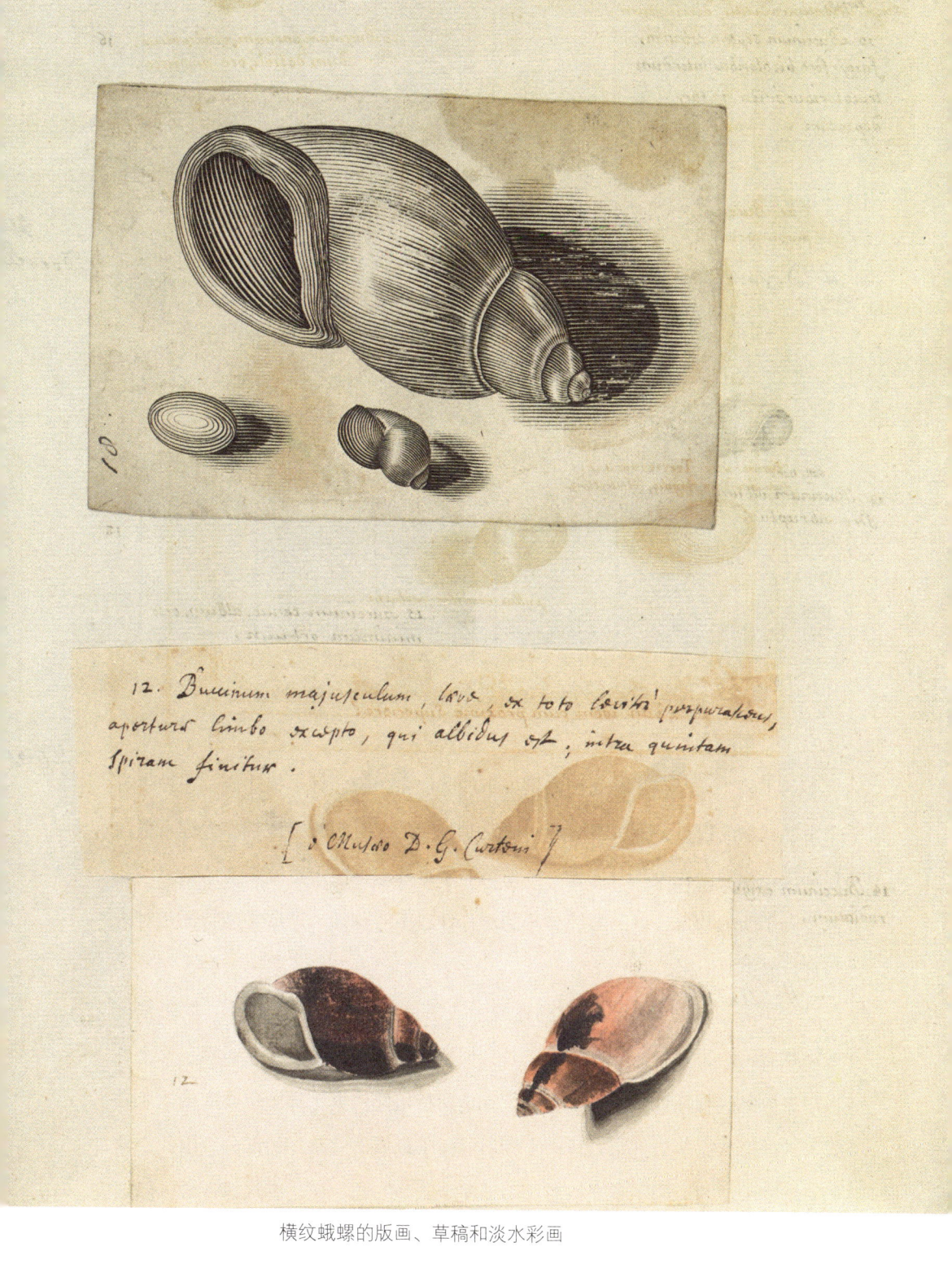

贝壳的游戏
135

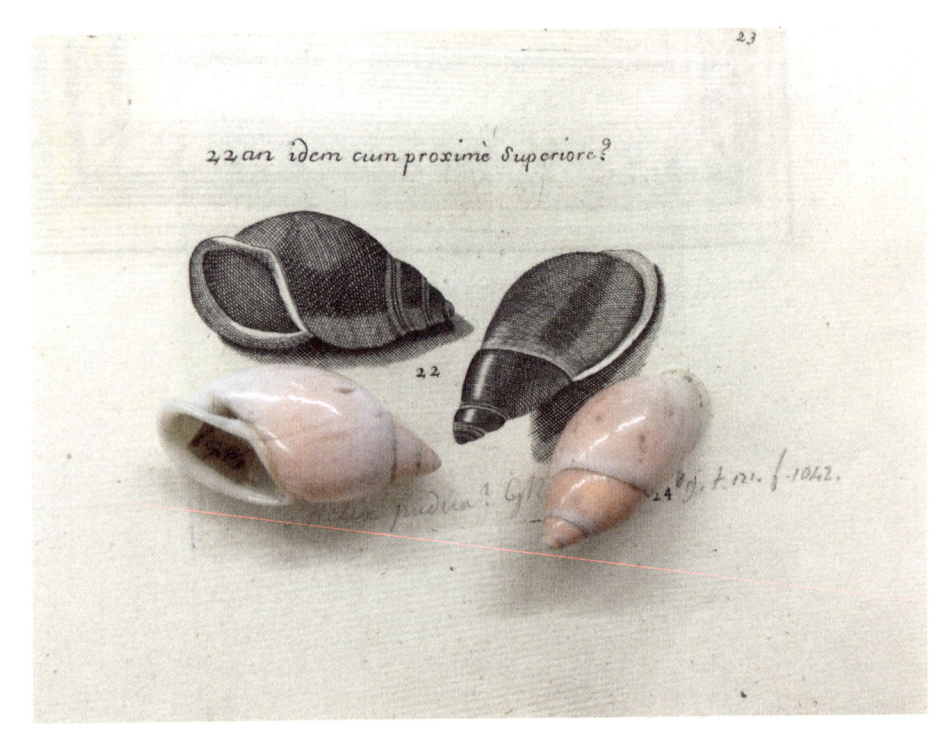

英国自然历史博物馆斯隆藏品库中的原始标本与素描图对比

史》的手稿(现保存于林奈图书馆中)的旁注中,将该标本描述成"一种带有平滑肋状物的扇贝,下方没有牙齿;它是光滑的,且很特别地带有大理石般白色和深色相间的花纹"。安娜·李斯特非常准确地描绘了贝壳表面的纹路,还注意到了肋的数量,以及瓣膜、耳的对称性或不对称性。这些类型特征是对扇贝进行分类的依据。

李斯特姐妹还运用艺术家的透视手法来呈现贝类的类型特征。埃塞俄比亚涡螺有一个很独特的"脐"。但是,如果我们俯视埃塞俄比亚涡螺,这个可以用于分类的特征就看不到了。因此,李斯特姐妹依据轮廓画出埃塞俄比亚涡螺大致的形状,然后把它画成向上倾斜的样子以露出"脐"的部分。因此,她们对透视手法的运用不是严格意义上"完全正确"的,而是有选择性的,但这

颗粒帽贝的原始标本与李斯特姐妹绘制的《贝类史》（位于英国自然历史博物馆）中版画的对比

颗粒帽贝的标本被置于《贝类史》中它的版画上。我们可以看出李斯特姐妹是沿着标本的边缘绘制插图的，这使标本与插图完美匹配

完全符合艺术史学家马丁·坎普在其作品中展示的一种曾经被使用的手法"透视建构"。她们的艺术鉴别力不仅仅单纯用于临摹贝壳,还用于对标本进行鉴定、分类。乔治·阿什比在给威廉·哈德斯福德(威廉·哈德斯福德在18世纪出版了马丁·李斯特的《贝类史》的另一个版本,并使用了原版插图)的一封信中指出了同样的事情。乔治·阿什比说,保存在剑桥大学圣约翰学院的《贝类史》中"有许多不完整的贝类插图,让人看起来以为是草图;但也许贝类标本是完整的,这样画只是特意想要凸显贝类的某个部分,比如铰链"。

李斯特姐妹在她们的插图中也会夸大一些分类学上的类型特征,以区分不同的标本。鲨眼玉螺是一种产自墨西哥湾坎佩切湾的玉螺,它的外壳通常不是完全光滑的,有两个微微凸起的棱角,但通常只有把标本拿起来才能被感觉

埃塞俄比亚涡螺的标本现藏于英国自然历史博物馆中的斯隆藏品库中。我们将其与在《贝类史》中的插图做比较,可以看出,必须向上倾斜才能看见埃塞俄比亚涡螺的"脐",这是该物种的类型特征

到。这些凸起的棱角在贝壳插图中最为明显。它的棱角并不容易被看出来，但绝对是可以感觉到的。虽然在近代早期的博物学研究中，博物学家更倾向于认同柏拉图和亚里士多德将视觉看作是最重要的知觉的说法，但是罗伯特·胡克也说过，要绘制插图就需要对"真诚的手和忠实的眼睛"进行训练，这是通过观察和实践来完成的，需要视觉和触觉相互作用来实现。在现代早期，触觉的概念变得越来越直观，以至于人们产生了"'看见'触觉的幻想"。马丁·李斯特在他的医疗实践中也曾表现出一种具体的经验主义。就像近代早期的解剖学图解为了方便解剖类读物的读者理解而试图将手的触摸感觉转化为"视觉触摸"感觉，马丁·李斯特在《贝类史》中也不单单是将他女儿们的手绘插图呈现在读者的眼前。贝类的图画形成了它们自己的触觉动态："看"变成了触摸

鲨眼玉螺的标本藏于英国自然历史博物馆斯隆藏品库中

的一种形式，一种手持标本并对其进行分类的方式。

李斯特的版画

正如杰里米·伍德利所指出的，虽然"优秀的孩子在很小的时候能熟练地画画"并不罕见，但是马丁·李斯特的两个女儿似乎不仅是对着标本临摹，她们还练习制作那些标本的版画。马丁·李斯特很可能"鼓励他两个才华出众的女儿练习雕刻铜版"。马丁·李斯特不仅向阿什莫林博物馆捐赠了他女儿的一本画册和几幅绘画的原稿，他还在1712年将1000多件印制《贝类史》版画的铜版捐赠给牛津大学。

马丁·李斯特的女儿们是如何蚀刻和雕刻铜版的呢？在17世纪，关于这方面的工具书很少。虽然约翰·伊夫林出版了一本有关版画雕刻的作品《雕版》，但是这本书没有对亚伯拉罕·博斯的《铜版上的雕刻方法》进行解读。约翰·伊夫林为此解释道，"雕刻家威廉·费索恩在《雕刻与蚀刻的艺术》中已经解读过那本书了"。约翰·伊夫林还说道："我认为那本书也包含了威廉·费索恩先生的设计，他凭借自己作为雕刻师和杰出艺术家的专业水准（似乎）对《铜版上的雕刻方法》第一部分内容进行解读。因此，我没有在我的作品中涉及这部分内容。"约翰·伊夫林称，威廉·费索恩艺术家和"专业雕刻师的身份"，使他更有资格解读亚伯拉罕·博斯的作品，并把它呈献给以英语为母语的读者。实际上，威廉·费索恩的《雕刻与蚀刻的艺术》在1662年出版后，在将近一个世纪的时间里都是该领域的权威出版物。博物插画师乔治·爱德华兹称，他"几乎找不到"任何关于雕刻和蚀刻的书籍，因此在他于1751年出版的《稀有鸟类博物志》附录中，乔治·爱德华兹对威廉·费索恩描述的雕刻和蚀刻过程进行了扩展。

在雕版的时候，雕刻家在软金属（通常是铜）表面按照图画进行雕刻，雕刻家使用的工具通常是一把方柄的削尖的刻刀。通过切割出不同深度和宽度的线条，雕刻家可以再现图画的阴影和色调，因为深线条可比浅线条含有更多墨水，所以在印刷时能够产生更暗的色调。因此，印版的成分是很重要的。

根据威廉·费索恩的说法，"在英国，你必须从黄铜匠那里购买现成的锻造出来的铜"，并且"要是最好的铜，没有瑕疵，也不能太硬……但如果铜太软的话，你也许会感受到由此带来的易弯曲的问题"。在铜中多加入一些锌可以制成黄铜合金，由黄铜合金制作的铜版更耐用，但也更难雕刻。用纯铜制作的铜版更容易雕刻，但是其必须很厚才能经受住滚动印刷机反复滚压造成的损耗。现在，我们通过X射线荧光技术检测了马丁·李斯特制作的24块铜版的成分，发现其中98%的成分为铜，其余部分是由铜矿中的杂质组成的，而非人为添加的。这样的成分比例使马丁·李斯特和他的女儿们能够更容易在铜版上雕刻，但由于这些铜版都相当厚（2—3毫米），因此它们的制作成本也会很高。马丁·李斯特很可能特地委托铜匠专门制作了这些铜版，因为这样的铜版不是常规尺寸的。因此，马丁·李斯特对这些铜版的高昂的费用颇有微词也是很正常的，但很显然，他认为尽可能选择好的铜版是很重要的。

想要学习铜版的雕刻技术通常要先学习铜版的蚀刻技术，因为在铜版上设计图像更容易些。蚀刻与雕刻有相似之处，它们都是在金属板表面生成线条和缝隙，再通过印刷机印刷，从而将设计好的图案印在纸上。蚀刻与雕刻不同，蚀刻不像雕刻那样用刻刀切割金属表面，而是用酸（在近代早期，人们用的是硝酸）来腐蚀金属。在铜版上涂抹一层抗腐蚀的涂层，再用一种名为"蚀刻针"的金属工具在涂层上绘制图画，透过涂层的缝隙将金属暴露出来。涂层的材料可以是蜡，在近代早期也有人用沥青。在完成涂层的绘制工作后，用硝酸蚀刻铜版来创造与预想图像相对应的线条。蚀刻师可以在柔软的涂层上绘制出图案，不需要拿着刻刀费力地切割金属。因此，相比雕刻，蚀刻更加轻松、容易，在蚀刻过程中犯的错误也更容易弥补。

在《论贝壳》的草稿簿中，有一幅有安娜·李斯特签名的花卉装饰蚀刻图的草图，马丁·李斯特对此图的文字说明部分进行了编辑。18世纪的雕刻师乔治·维尔特曾说过，雕刻这门技术"需要花很多功夫练习握刀的力度和观察力，才能达到卓越的水平"，而凭借"较少的经验、更快的速度和更少的花费"就能够掌握蚀刻这门技术了。

杰弗里·凯恩斯在研究了《贝类史》的最终印刷版本后推测，安娜·李斯特之所以用蚀刻法制作这幅图是因为蚀刻是一项比雕刻要简单的技术。安娜·李斯特在为完成《贝类史》而学习雕刻技术之前，可能就已经学会蚀刻技

安娜·李斯特为《贝类史》第一册《论贝壳》的花卉装饰蚀刻图所绘的草图。我们可以看到，马丁·李斯特因为一些物种被重新分类并重新命名而对拉丁文的文本进行了编辑

术了。

在铜版准备好之后，蚀刻法的下一个步骤就是把涂层的材料涂抹在铜版上，以保护印版不被硝酸腐蚀。涂层的材料包含从特立尼达岛进口的沥青或柏油。它们被装在大葫芦里，一瓶"大约40磅重"，可以从英国药剂师手上购买到。威廉·萨蒙在《多种绘图技艺》（1673）中指出，一盎司[1]沥青、三盎司蜂蜡和几滴乳香可以制成一种用于蚀刻的软清漆。乔治·爱德华兹有一个略微不同的涂层配方，他在混合物中添加了松香和普通沥青。将这种材料装在管里放在火上加热至熔化，然后倒进一盆水里，待冷却后将这种材料卷成拇指粗细，再用刀切成几英寸长的段。这种材料可以储存，也可以立即使用。在使用的时候，将铜版放在炭火上加热，然后把装在薄丝绸袋里的这种材料涂在铜版上。正如乔治·爱德华兹所言："把一小团棉花绑在薄丝绸袋上，在铜版上面均匀地涂上清漆。"

有人建议先在铜版上以均匀的间距散布涂层的材料，然后把它们抹开，使涂层材料能够均匀地覆盖铜版。然后，手持铜版涂过漆的一面在燃着的蜡烛上方均匀地移动，使涂层变得匀称，然后等待涂层冷却。在完成了这些步骤后，铜版便可以用来蚀刻了。

然后，蚀刻师把设计好的图案在铜版上绘制出来，用红色粉笔或赭石在图画的反面涂抹，将涂抹的这面放在铜版上，再用一根带有光滑尖端的象牙棒在上面勾勒出图画轮廓，这样不会破坏版画，也不会损坏铜版上的涂层。如果版画的价值很高，那么可以用红色粉笔在另一张纸上描出版画，再将其放置在铜版上，最后用象牙棒勾勒线条。

在将图画复制到铜版上后，蚀刻师需要用一根针在涂层表面雕刻图案，露

---

[1] 1盎司约等于28.41立方厘米。

出底下的铜版。1685年，马丁·李斯特在给亨利·盖尔斯写的信中，让他"请马森格先生像从前那样为我制作六根蚀刻棒，按照他的风格在棒上插入又好又细的针，然后托人运送过来"。这表明，部分蚀刻画是马丁·李斯特在他伦敦家里或家附近完成的。针通常插在小雪松棒做的手柄中，针尖是在磨石或油墨石上磨出来的。

蚀刻师在工作时，需要在手掌下面垫一块柔软的亚麻布，以免身体散发的热量和汗水直接接触铜版，也可以避免指甲误碰涂层。威廉·费索恩指出：

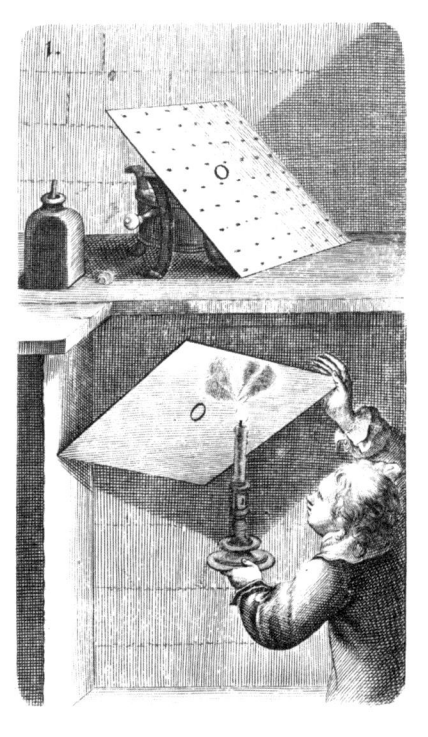

在铜版上点上涂层材料，抹开，再用蜡烛加热铜版涂过涂层的一面，为蚀刻工作做准备。威廉·费索恩的《雕刻与蚀刻的艺术》

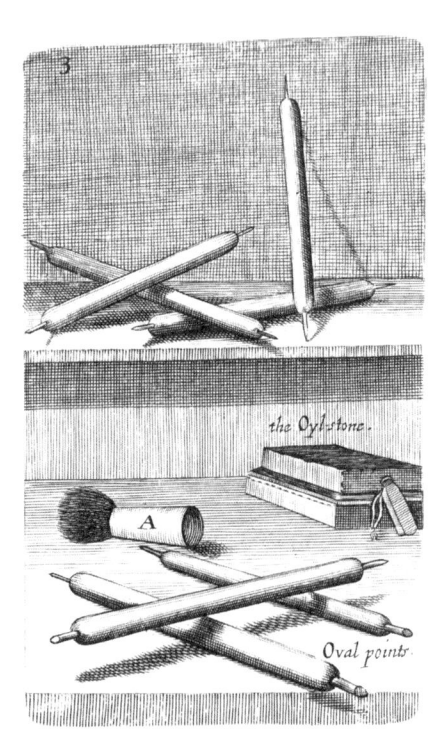

蚀刻用的针及其他工具，出自威廉·费索恩的《雕刻与蚀刻的艺术》

"如果汗水和清漆被混合在一起涂在铜版上，涂层中就会出现一些小气泡，若再把它放在火上加热，涂层上就会有一个个小洞。"蚀刻师用一根中等粗细的针就能够绘出轮廓、刮开涂层，然后用一块柔软的湿海绵擦拭铜版，便能清晰地看出用针描绘出的图画。此后，蚀刻师将铜版向上倾斜，用一根细尖的针和一只灵巧的手把较细的线条画在铜版上；阴影通常是通过交叉的影线和较厚重的笔画呈现出来的；一根椭圆形的尖针可以画出粗细不一的线条，就像一支书法笔一样。如果涂层表面有任何地方被不小心擦掉了，蚀刻师可以用清漆覆盖被擦掉的地方。在蚀刻时，铜版的背面和侧面也要涂上清漆以免被硝酸腐蚀。

不同的蚀刻师采用不同的方法往铜版上倒硝酸。威廉·费索恩喜欢用一个带槽的画架来接住酸；乔治·爱德华兹建议把松香和蜂蜡的混合物制成一个卷，并将它放置于铜版的边缘，形成1英寸宽的边，然后再把硝酸倒进去。硝酸在铜版上停留的时间并没有精确的标准，而是取决于画家希望线条粗细和深浅的程度，因为铜版在硝酸中浸泡的时间越长，铜版上的线条就越深、越宽。乔治·爱德华兹指出："我的铜版中颜色较浅的部分很少有在硝酸中浸泡超过半个小时的，颜色较深的部分则要在硝酸中浸泡超过一个半小时。"当铜版被硝酸腐蚀到令蚀刻师满意的程度时，蚀刻师就会将铜版上的酸冲洗掉，然后用溶

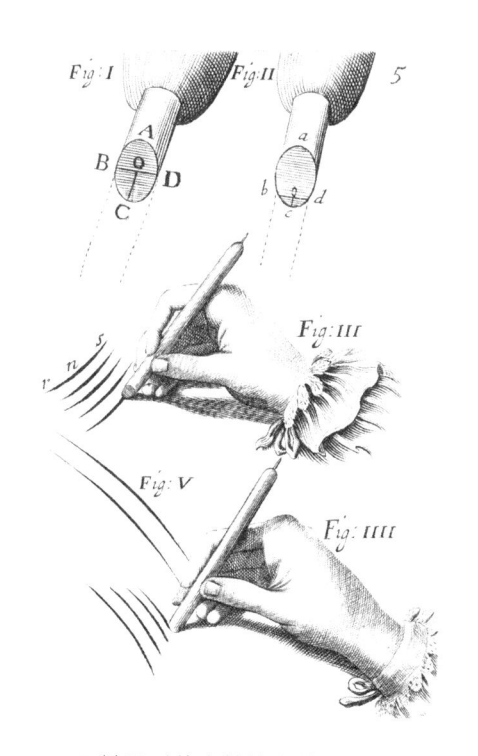

用椭圆形的尖针绘出的粗细不一的线条，出自威廉·费索恩的《雕刻与蚀刻的艺术》

剂（通常是油）擦拭铜版以除掉涂层。由于马丁·李斯特还是一位实践"化学家"，他的家庭实验室冒出的烟雾经常对他在约克郡的邻居产生影响。由此可见，马丁·李斯特一定非常熟悉用于蚀刻的硝酸的制作过程。

在雕刻铜版时，雕刻师不是用酸而是用针或者刻刀直接在铜版上雕刻出线条。这两种技术制作出来的铜版在印刷时，都是用墨水覆盖铜版，然后用抹布把铜版表面擦拭干净，或者用手"拍打"，使墨水只停留在雕刻或者蚀刻的凹槽中。通过用力或者轻轻地擦拭铜版的各个区域，印刷匠可以获得不同的艺术效果。在完成上述步骤后，印刷匠把纸张压在铜版表面，就能够产生如雕刻图案的镜面图像一般的版画。不同的纸张对版画最后呈现出来的效果也有影响。在17世纪，一些版画家尝试使用日本产的雁皮纸印制版画，这种纸虽然薄，但是有着优异的着墨效果和很高的图像分辨率。

画架和蚀刻时用来接住硝酸的槽，出自威廉·费索恩的《雕刻与蚀刻的艺术》

雕刻出的线条能够呈现出更加清晰和精确的图像，且在线条逐渐变细直到成为一个点之前，线条都十分顺滑、流畅。蚀刻出的线条则看起来更加细长、不稳定，整个线条粗细一致、末端圆润。在实践中，人们可以把这两种技艺结合起来使用。威廉·费索恩甚至建议，可以在"硝酸已充分并深度腐蚀"的重要线条上进行深度雕刻，使蚀刻的版画看起来像雕刻的版画。艺术家还可以用

力使针刺穿图层并在铜版上雕刻。事实上，威廉·费索恩绘制了一幅版图，"图画前景有一条很深的刻痕，虽然这条刻痕是蚀刻出来的，但是可以将其视作雕刻出的线条"。

在《贝类史》中，我们看到了一幅珍珠鹦鹉螺的蚀刻图，第556号铜版画，上面有"苏珊"的签名，这幅图也出现在了印刷的书籍中（见前文）。我们可以看到她的名字被刻在了铜版上。杰弗里·凯恩斯和盖·威尔金斯注意到了最终印刷出来的版画，但在《论贝壳》的初稿中，我们也能看到马丁·李斯特在她女儿的插图旁边所做的注释。这些注释说明了皮埃尔·贝隆[1]（1517—1564）和乌利塞·阿尔德罗万迪[2]（1522—1605）的作品中关于该物种和贝类的分类信息。最终印刷版中的注释是雕刻在铜版上的，而不是蚀刻的。

李斯特姐妹的艺术才华也得到了英国皇家学会的认可。杰弗里·凯恩斯和杰里米·伍德利曾指出，苏珊娜·李斯特自1685年开始为《英国皇家学会哲学会刊》绘制插图。他们的论点是基于一个在《英国皇家学会哲学会刊》1685年第15卷图172上出现的风格简约、包含姓名缩写的签名——"SL sculp"（苏珊娜·李斯特雕刻）。这一签名与1685年汉斯·斯隆被赠送的《论贝壳》上的签名类似。"SL sculp"也在《英国皇家学会哲学会刊》各种类型的插图中出现过：马丁·李斯特的朋友地理学家加巴特·德维勒蒙先生送给英国皇家学会的蜂巢的版画，罗伯特·普洛特提供的一块石棉布和一个湿度仪的版画。杰里米·伍德利和杰弗里·凯恩斯还提到了在1685年第15卷图175中一组签名为"S. sculp"的插图，它们被刻在一块铜版上作为多篇文章的配图，其中一篇

---

[1] 皮埃尔·贝隆是法国博物学家，出版了关于鱼类和鸟类的博物学著作。他是第一个观察到鱼类和哺乳动物的脊椎是解剖学上的相同器官的人，是比较解剖学的奠基人之一。

[2] 乌利塞·阿尔德罗万迪，文艺复兴时期意大利博洛尼亚大学博物学教授与科学家。

是马丁·李斯特关于鸟类学研究的文章。2005年，美国密苏里州堪萨斯市的琳达·霍尔图书馆举办了"女性作品：12位科学插画家的肖像"展览，策展人认为，苏珊娜·李斯特也为《英国皇家学会哲学会刊》的其他文章绘制插图。策展人认出了一篇安东尼·范·列文虎克[1]于1685年在《英国皇家学会哲学会刊》上发表的关于葡萄酒盐的文章，其中包括的版画上面有"SL sculp"的签名。在另一篇列文虎克于1683年发表的讨论木材组织学的文章中，也有这一独特的签名。

在1683年，像苏珊娜·李斯特这样年仅13岁的小姑娘，是否已经具备了足以为《英国皇家学会哲学会刊》制作版画的艺术水平呢？杰弗里·凯恩斯按照时间因素进行推测导致他错误地认为安娜·李斯特为《贝类史》做的绘制版画及雕刻印版的工作是由马丁·李斯特的妻子哈娜做的，并猜测"安娜"是哈娜的昵称。杰里米·伍德利则根据马丁·李斯特的信件纠正了这一错误的推断，他明确表示：为《贝类史》创作插图的两位画家就是马丁·李斯特的两位女儿。从《论贝壳》的草稿簿中，我们至少可以看出：在1685年，15岁的苏珊娜·李斯特已经在绘制蚀刻画了，13岁的安娜·李斯特在马丁·李斯特的帮助下也开始绘制蚀刻画了。最后，在《英国皇家学会哲学会刊》1685年第15卷图172的那幅版画中，签名"SL sculp"是"反着写的，这仿佛出自一位业余爱好者之手"，因为一位成熟的雕刻家不可能犯这样的错误。

马丁·李斯特后来在《英国皇家学会哲学会刊》上发表了一篇文章《扇贝解剖学》，这篇文章为证明李斯特姐妹为英国皇家学会所做的工作提供了更为清晰的证据。这篇文章配有一幅软体动物解剖图，这幅用铜版印制的版画后来也被用于《贝类史（第2版）》（1692—1697）中。在《贝类史（第2版）》

---

[1] 安东尼·范·列文虎克是荷兰贸易商与科学家，被称为"光学显微镜"之父。

中，扇贝解剖图是安娜·李斯特绘制的一系列软体动物解剖插图中的一幅。安娜·李斯特为《贝类史（第2版）》绘制的许多解剖图都在一本草稿簿里，她还在一些解剖图下面签名了。因此，安娜·李斯特很有可能是绘制《英国皇家学会哲学会刊》中扇贝解剖插图的画家。在《英国皇家学会哲学会刊》第19卷中的其他部分，马丁·李斯特发表的其他文章要么属于其早期出版的图书中的一部分，要么是他过去科学实验的一些主题，因此用一块铜版印制两份不同出版物的插图可以算是马丁·李斯特的行为特征。

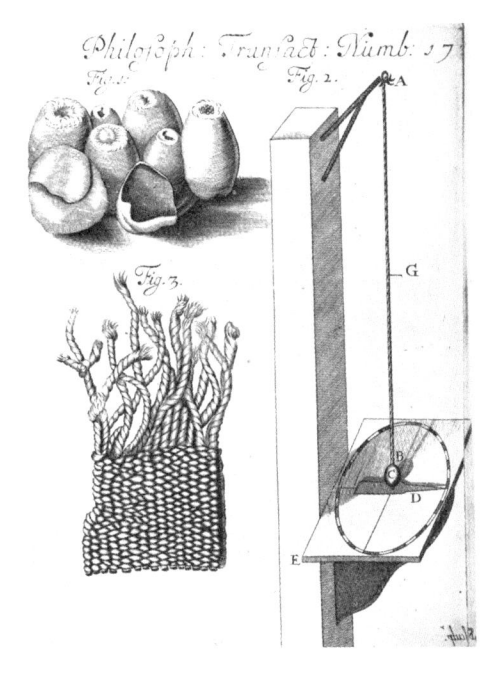

签名"SL sculp"写反了的版画，这是一位雕刻新手犯的错误，《英国皇家学会哲学会刊》1685年第15卷图172

事实上，在《英国皇家学会哲学会刊》中的扇贝解剖图上关于扇贝的拉丁文字说明也被一字不差地复制到了《贝类史》的插图说明上。

与在《英国皇家学会哲学会刊》发表的扇贝解剖图相比，《贝类史》中扇贝解剖图唯一的不同之处就是标题被更改了，从"图229"变成了"图17"。在铜版背面的标题区域有刮擦的痕迹，这表明标题被用刮刀和磨光器修改过了。用一个打孔器或小锤子从背面敲打铜版，把旧的标题抹除，在得到一个光滑的表面后重新雕刻铜版，这是雕刻师经常使用的一种方法。马丁·李斯特和他的女儿在制作《贝类史》相关的铜版中也用到了这种方法。正如盖·威尔金斯所言：

马丁·李斯特将他女儿为他在《英国皇家学会哲学会刊》上的文章制作的扇贝解剖图的版画用于《贝类史（第2版）》，铜版的背面有明显的捶打和磨光的痕迹，铜版的原标题被修改了

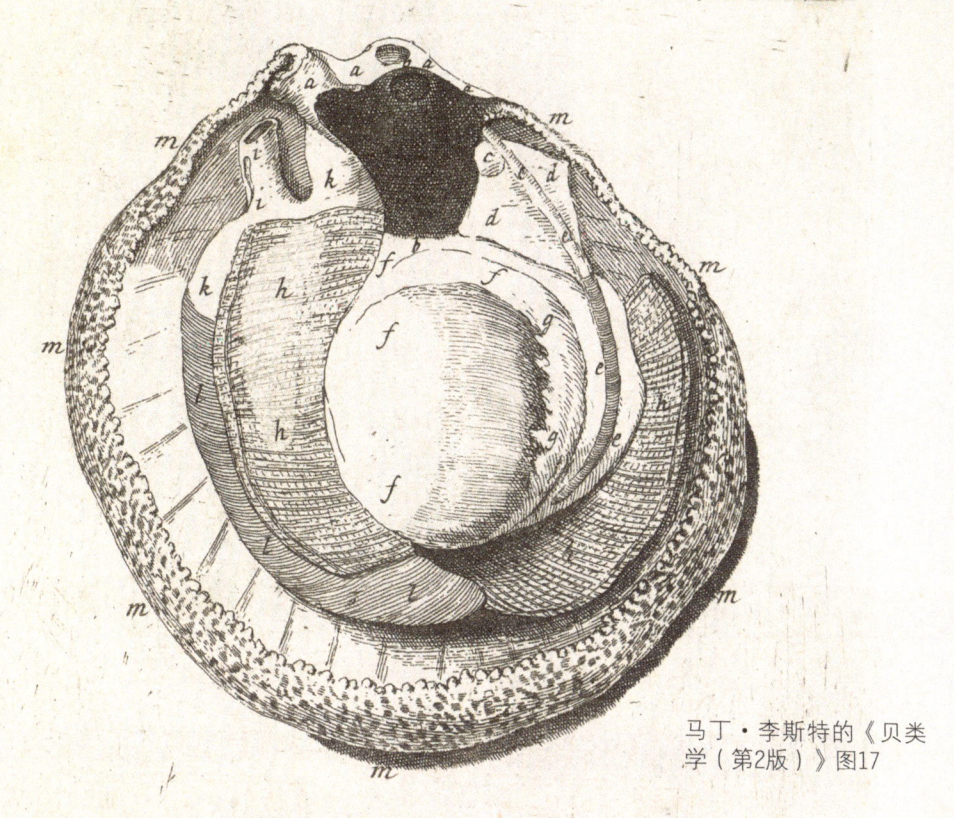

Pectinis Anatome. Tab: 17

马丁·李斯特的《贝类学（第2版）》图17

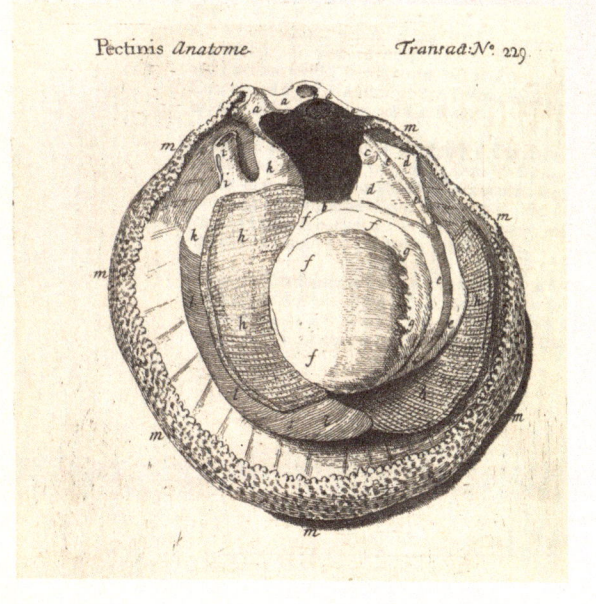

Pectinis Anatome. Transact: N° 229.

马丁·李斯特在《英国皇家学会哲学会刊》发表的文章中的扇贝解剖图

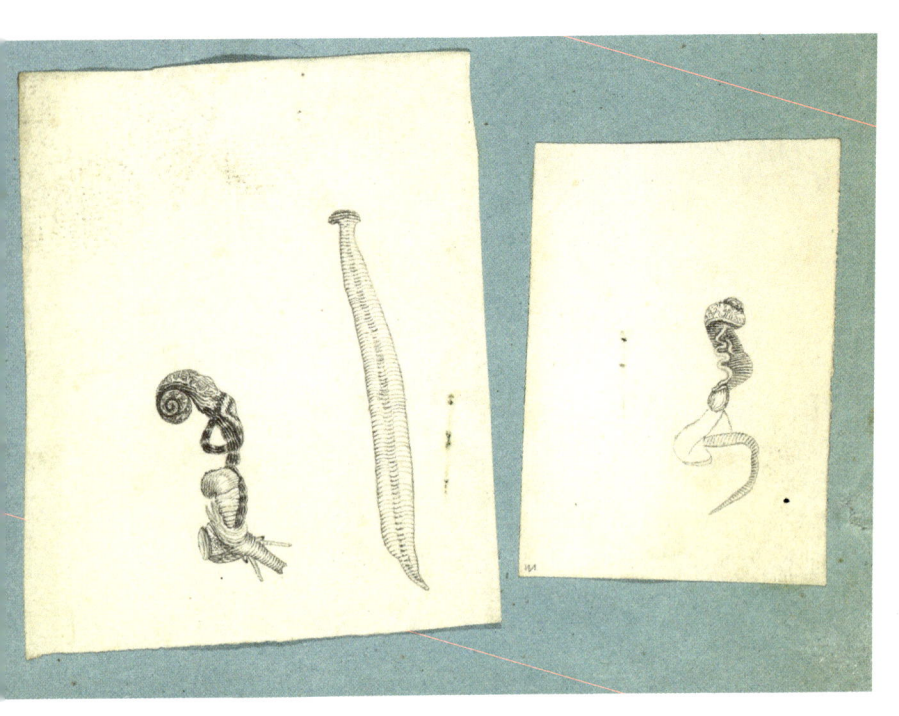

安娜·李斯特绘制的软体动物解剖素描图

安娜·李斯特绘制的软体动物解剖素描图，右下角有她的签名：安娜·李斯特绘制

博物传奇
152

作者将不断增加的版画插入正在撰写的《贝类史》的不同分册以及不同节中，因此作者难以为版画编号……许多版画被抹去的数字仍然能够隐隐约约被看到。不过，作者很快就放弃了连续编号的想法。直到《贝类史（第2版）》，作者才按照自己满意的顺序对所有版画进行了编号。

　　如前文所述，由于用于印制《英国皇家学会哲学会刊》早期期刊的铜版在第一次世界大战中被上交给了国家，为国家所用。因此，

印刷出来的安娜·李斯特绘制的素描图

即使这块铜版不是《英国皇家学会哲学会刊》早期期刊现存的唯一一块铜版，也很可能是为数不多的存世的铜版之一。

　　在这些软体动物解剖插图中，有一幅署名"安娜·李斯特绘制"，这幅图表明她用显微镜清晰地描绘软体动物的解剖结构。我们可以相信，自1694年起，马丁·李斯特和他的女儿就经常用显微镜观察标本再来绘制贝类学插图。马丁·李斯特在其1694年出版的《贝壳解剖实验》的序言中指出："由于视力存在缺陷，我第一次不得不用显微镜来进行解剖小型动物的实验，我非常高兴自己能够在显微镜的帮助下再一次享受做实验的乐趣，我因为视力不佳很久没有做解剖实验了。"

　　虽然基于列文虎克的设计方案，带有球形镜头的简单显微镜"在清晰度和

放大倍数上都超过了其他显微镜",放大倍数高达200到300倍,但是正如罗伯特·胡克指出的,这些显微镜只能供"那些眼睛承受力强的人使用"。因为简单显微镜的焦距很短,所以它需要观察者非常接近被观察的物体,简单显微镜的视野也非常狭窄。自1650年起,袖珍显微镜、"跳蚤镜"和复式显微镜得到了广泛的应用;到了18世纪初,许多欧洲博物学家开始使用复式显微镜进行低放大倍数观察实验,因为其操作简单。只有在观察非常小的物体时,人们才会使用简单显微镜。

由于马丁·李斯特需要在显微镜的帮助下做软体动物的解剖实验,而他视力不好,无法使用简单显微镜,因此早期带有手持透镜的复式显微镜十分符合马丁·李斯特的需求。

尽管罗伯特·胡克在他的《显微制图》中展示了由复式显微镜呈现出的华丽的图像,但他仍然选择用单镜头显微镜来绘制昆虫(包括跳蚤和他自己头发上的人虱)版画,这些昆虫被放大的倍数很高且描绘得很细致。罗伯特·胡克的目标在于提供"对物体的全面感知"。他成功实现了他的目标,他描绘的和猫一般大小的跳蚤的形象甚至让一些女士被吓晕了。马丁·李斯特的目标则是展现软体动物外部结构和内部结构的基本特征,既是为了美观,也是为了方便分类。

更实际地说,一台非常强大的显微镜会降低插画师绘制分类学插图需要的精准的深度感知能力。在现代与之类似的情况为,在显微外科手术中,医生被建议选择使用最低的放大倍数进行操作。神经生理学的研究表明,深度感知和视觉引导的手部动作之间存在重要关系。这些手部动作不仅包括外科手术操作,还包括显微镜使用过程中需要的良好的手眼协调能力,以及马丁·李斯特和他的女儿进行的素描、蚀刻和雕刻工作。当罗伯特·胡克探讨手眼协调的问题时,他并不关心插画师用显微镜绘制的插图,他认为插画师必须掌握一系列既新颖又困难的协调动作。一台低放大倍数的显微镜可以使提高手眼协调能力的过程变得更加容易。

安娜·李斯特在17世纪90年代初开始使用低放大倍数的显微镜。她那本用来绘制《贝类史》插图草稿的笔记本中，包含显微镜下不同种类帽贝的详细对比，以及关于腕足动物的腕和软体动物的生殖腺的版画。这些版画被刻在铜版上，印刷出来的书上标明了她使用过的显微镜。李斯特姐妹很有可能是最早一批使用显微镜绘制科学插图的女性。

《贝类史》是第一本指出贝类手性问题重要性的出版物，也描绘了贝类在大自然中呈现的对称性。尽管大多数生物都是两侧对称的，即左右两边互为镜像，但是大多数腹足纲动物是不对称的。正如前文提到的，以前的插画师经常把腹足动物的图画颠倒了，这样做往往是错误的，为了使印刷的样品图准确，印版必须描绘样品的镜像。为了节省时间，插画师会按照贝类外壳原本的样子在铜版上雕刻，这样一来，印刷出来的图就是实物的镜像图。有时，图像会被随意颠倒，以呈现出令人赏心悦目的图案。伦勃朗选择了一个有趣的角度创作他唯一的贝类蚀刻画，描绘了来自印度洋的大理石芋螺，呈现出了贝壳侧面的开口和顶部的螺旋。但是，伦勃朗创作的画中的贝壳是反的，因为在蚀刻图中，贝壳的螺旋是左旋的，而大理石芋螺不是左旋的。对伦勃朗来说，这种颠倒是他在美学方面的选择，因为他最后还记得在印版上以镜像的方式签名和标注日期。

安娜·李斯特很清楚伦勃朗的想法。她的笔记本中有一幅与伦勃朗绘制的贝壳同样左旋的版画，但在《贝类史》中，安娜·李斯特将大理石芋螺正确地描绘了出来。这一点在《贝类史》的插图文字说明中也体现了出来，那幅图参考了伦勃朗的版画。《贝类史》中的版画很可能是通过镜子在印版上或是一张薄纸上画出来的，然后将这张纸面朝下放在书页上，版画便能够印在书上了。马丁·李斯特写了第一篇关于罕见的螺旋线逆时针旋转的贝类的论文，这些贝类以"突变"的形式出现，无法与螺旋线顺时针旋转的贝类交配，所以马丁·李斯特对这种对称性很敏感，并将这个注意事项告诉了他的女儿们。马丁·李斯特的《贝类史》应该是第一本指出螺旋线逆时针旋转的贝类实际存在的书籍。

在绘制了1000幅插图之后，苏珊娜·李斯特和安娜·李斯特能够对贝类观察得如此透彻也就不足为奇了。她们以专家的方式描绘每一种贝类，描绘其代表一个物种或整个属的关键特征。在她们刚开始为"奇异的陆生蜗牛"绘制版画时，苏珊娜·李斯特和安娜·李斯特就以她们敏锐的观察力辨认出蜗牛壳的多样性，正确辨别出其单色、黑色条纹、横向波纹、环状或带状、黑色斑点的特性，而不是将其视为独立物种的特点。马丁·李斯特的女儿还指出两种田螺科物种之间细微的差别：一种外壳更薄、螺纹更圆润，马丁·李斯特称这种田螺生长在康河中；另一种是更为常见的田螺，其外壳更厚，螺纹不太圆润。尽管林奈在他的分类学中使用了马丁·李斯特对外壳更厚的田螺的分类方法，但是在1955年，分类学家们仍然对这两个物种的不同特征感到困惑，直到他们翻阅马丁·李斯特的原著才解决了这一问题。

随着《贝类史》不断改版，在经历了几次重印之后，越来越多的软体动物与它们的壳一同出现在书里。将《贝类史》1685年的版本和1770年的版本（基于安娜·李斯特绘制的插图的最终版重印）进行比较，我们可以发现安娜·李斯特在后来版本中增加了一些有生命的蜗牛的版画。我们把她绘制的插图放在历史背景中来看，一直到1757年，法国博物学家阿当松的《塞内加尔博物志》和德扎利尔·达让维尔的《贝类藏品》才开始致力于研究软体动物的本身。在此之前，博物学家都专注于研究软体动物的外壳。就像马丁·李斯特创作的《论昆虫》的注释版中弗朗西斯·普莱斯创作的版画对蝴蝶及其幼虫、蛹和它们喜好的食物进行描述那样，安娜·李斯特创作的包括贝壳、有生命的蜗牛的版画，也试图用一幅画来描述一个物种的关键特征。

除了已出版的《贝类史》之外，在博德利图书馆收藏的档案中还有四箱马

伦勃朗的蚀刻画《贝壳》，1650年

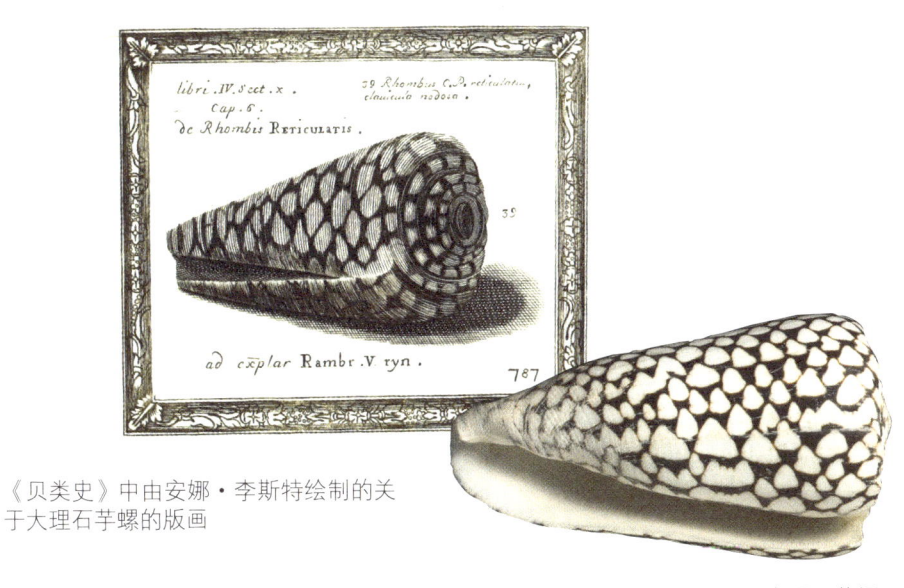

《贝类史》中由安娜·李斯特绘制的关于大理石芋螺的版画

大理石芋螺

贝壳的游戏

157

丁·李斯特的手稿，进一步向我们讲述了马丁·李斯特和他的女儿们创作这本杰出的著作的工作历程。这一页页的记录不仅可以帮助我们了解近代早期书籍的创作过程，而且表明了《贝类史》对博物学家以及"李斯特家族遗产"的深远影响。

第三章 李斯特家族的遗产

除了他的女儿们提供的"视觉证据"外，马丁·李斯特在创作《贝类史》的书面信息的过程中塑造了他对自然规律的认识。到了1692年，这本书中添加了许多收藏家和博物学家的观察记录，贝壳、蛞蝓和软体动物的解剖插图增加到了1067幅。四个分册的详细情况如下所示：

第一册　　1685年　　第1—105页
关于奇异的陆生蜗牛和蛞蝓

第二册　　1686年　　第106—160页
关于淡水中的贝类、蜗牛和双壳类

第三册　　1687年　　第161—445页
关于海洋双壳类

附　录　　1688年　　第446—523页
关于双壳贝化石

第四册　　1688年　　第524—1025页
关于海洋中的软体动物、软体动物解剖学

附　录　　1692年　　第1026—1054页
关于蜗牛化石

附　录　　1692年　　第1055—1059页
文本（尾数）和纲要的次要附加内容

马丁·李斯特的《贝类史》按照分册、节和标题展开，在某种程度上近似于生物可分为目、科、属，也就是后来林奈使用的分类方法。尽管书中有着丰富的插图，但是除了标题和版画上的特定描述外，没有其他文字。马丁·李斯特原本打算按照适当的顺序对各科软体动物进行解剖描述，但是他未能实现这个计划。后来，他在书的末尾加入了一些软体动物解剖图的小型排版索引。事实上，马丁·李斯特和他的女儿们创作了一本体量巨大的版画书，其规模之大能够与同时代的其他博物著作相比较，比如约翰·雷和弗朗西斯·威洛比关于鸟类学和鱼类学的作品。由于马丁·李斯特的作品几乎完全是自己制作印版和自己印刷的，这样一来，当他发现新的软体动物并对其重新分类时，便可以自由地对书中的内容进行修改，而其他按照传统方式印刷作品的博物学家则没有这种自由。

通过翻阅那四箱关于马丁·李斯特以及与其《贝类史》创作过程直接相关的记录，我们可以看到马丁·李斯特是如何通过系统地编排他女儿们绘制的插图来对物种进行分类的。马丁·李斯特这四箱工作记录是牛津大学萨克勒图书馆的"格里菲斯图书管理员"戴安娜·伯格曼发现的。虽然这些档案并未遗失，但是它们从未被编入馆藏目录。尽管在1712年，马丁·李斯特将印制《贝类史》中1000多块铜版捐赠给了牛津大学，但是他没有把这些工作记录捐赠出去。这些工作记录和马丁·李斯特大量未发表的论文以及未公开的信件通过一条更加曲折的路径抵达牛津大学。在18世纪担任阿什莫林博物馆管理员的威廉·哈德斯福德整理了这些资料，重印了马丁·李斯特的《贝类史》。这些资料能帮助我们了解《贝类史》的来龙去脉，并让未来的学者更好地解读马丁·李斯特的作品。

威廉·哈德斯福德：拯救者

虽然马丁·李斯特将他的部分藏品以印刷书籍和铜版的形式捐赠给了牛津大学，但我们真正要感谢的应该是威廉·哈德斯福德先生，因为他的贡献，马丁·李斯特的大部分手稿才得以保存。威廉·哈德斯福德被描述为"18世纪唯

——一位在岗时积极工作的阿什莫林博物馆管理员"。他就任于"阿什莫林博物馆衰落之时,但他在上任后立即着手重建混乱的地质藏品,为新的藏品奠定基础"。他还整理了过去阿什莫林博物馆收到的捐赠的手稿,比如马丁·李斯特的手稿。威廉·哈德斯福德所做的一切都是为了恢复阿什莫林博物馆的声誉,"使它不要像外界描述的那样,肮脏、混乱、令人反感"。

1758年7月20日,植物学家、贝类学家和古文物学家伊曼纽尔·门德斯·达·科斯塔(1717—1791)给威廉·哈德斯福德写了一封信,说:"大约一年前,有一位绅士出售自己的财产,他似乎是马丁·李斯特的一位远亲,有人在那些财产里发现了硬纸箱,里面有几捆像废纸一样的马丁·李斯特的文件,其中包括几位学者写给马丁·李斯特的信……所有这些文件最后都被约翰·福瑟吉尔博士买了下来,直到现在都由他保管。"约翰·福瑟吉尔(1712—1780)是一名"贵格会"医生和英国皇家学会会员,他在业余时间研究贝类学和植物学,因此对博物学家的手稿很感兴趣。后来,他给威廉·哈德斯福德写了一封信,信中说自己买下了那些文件,以免这些"被当作废纸扔在地上的"文件被丢进"糕点师傅的烤箱"里毁掉。这些文件包括一些信件以及许多(不是全部)陆生蜗牛的图画,虽然这些图画不是很精致,但是内容很广泛。不过,约翰·福瑟吉尔认为自己"永远没有时间细读这些文件",也不知道"该如何处理这些文件"。约翰·福瑟吉尔觉得,他最好把这些文件交给一些公共机构,要么是大学,要么是英国皇家学会。在给威廉·哈德斯福德那封信的结尾处,约翰·福瑟吉尔问道:"你怎么看这件事呢?"威廉·哈德斯福德很快就给约翰·福瑟吉尔回信:"你问我算是问对人了。我会向牛津大学和阿什莫林博物馆汇报你的情况。我也会告诉你原因——这些文件包含马丁·李斯特的信件……他是一位非常伟大的捐赠者。"

约翰·福瑟吉尔欣然接受了这个建议,他向威廉·哈德斯福德解释说,他希望这些信件能够让读者深刻认识到,"过去一个世纪的博学之士具有坚贞的美德，与这个轻浮的时代形成了鲜明的对比"。约翰·福瑟吉尔承认，他希望把这个"小礼物送给牛津大学"，他在这里被培养成了一个有"小成就"的人。最后，他还向威廉·哈德斯福德建议印制马丁·李斯特《贝类史》的新版本，他说："你应该尽可能对原来使用过的铜版进行润色、修饰。我相信，你在牛津大学的博物馆里一定能找到一些贝类标本。你可以请一位能干的雕刻师比对这些标本和铜版之间的差别，并在有必要的时候对其进行修改。"威廉·哈德斯福德接受了他的建议，并随后非常高兴地做了以下记录：

一个大纸箱，将近100磅（50千克）。纸箱里有：

1.三大卷马丁·李斯特写给爱德华·卢维德的信，对开纸。

2.几捆别人写给马丁·李斯特的信。

3.在四开纸上手写的将近40本书的注释，以及由马丁·李斯特亲笔摘录的多位作家作品的节选。

4.几本马丁·李斯特在诊疗工作过程中记账用的记事簿。

在19世纪中期，这些藏品从阿什莫林博物馆被转移到博德利图书馆。大部分文件被整理到一起，并形成了马丁·李斯特的手稿集。比如威廉·哈德斯福德提到的陆生蜗牛图画，可能是马丁·李斯特《贝类史》第一册的初稿。

但是，主要由松散的文件资料和两块散落铜版组成的四个纸箱与大部分手稿分开了。直到前些年这四个纸箱被发现时为止，它们一直未被萨克勒图书馆登记造册。那么，为什么这四个纸箱后来出现在那里呢？萨克勒图书馆是牛津大学主要的研究型图书馆，专门提供考古学、艺术史和古典文学的相关图书，于2001年开放。这座图书馆包括阿什莫林博物馆以前的藏书，当然，阿什莫林博物馆曾被威廉·哈德斯福德管理。威廉·哈德斯福德把他从约翰·福瑟吉尔那里收到的所有信件都编入索引，装订成册，并把装订好的书籍和记事簿纳入阿什莫林博物馆中。不过,威廉·哈德斯福德似乎把一些零散的文件搁置在一边,他这样做不仅因为这些文件的性质难以分类,而且因为他对这些内容有着非常明确的兴趣:印制马丁·李斯特的《贝类史》的新版本(他在1770年完成了这项工作)。威廉·哈德斯福德这样做不仅是希望向马丁·李斯特致敬,还是为了更新《贝类史》中的内容,尤其是其中的分类类目表。

威廉·哈德斯福德长期以来一直对马丁·李斯特感兴趣,他进行的研究是一个远离"市民与学者政治"的"避难所"。比如威廉·哈德斯福德曾参与一项漫长且令人沮丧的运动,该运动旨在使牛津的街道整洁干净并且有路灯照明,他甚至就这件事半开玩笑地出版了一本小册子,他在其中透露自己一直在和公众的偏见做斗争,公众认为"这些路灯除了可以给一群喝醉了的律师照亮回家的路之外别无用处"。

然而,他的学术研究对他来说更像是一剂补药,他说:"当我与马丁·李斯特和逝去的博物学家'交谈'时,我就几乎忘了政治。"他还十分"关心"马丁·李斯特,以至于他的朋友詹姆斯·格兰杰(1723—1776)写了一篇奇幻小说,想象着:

> 维纳斯浑身散发着迷人的魅力,坐在一个巨大的贝壳里,从海中升起。站在她前面的,是吹着海螺(蛾螺壳)的特里同[1],涅瑞伊得斯也在一旁跟着。维纳斯戴着贝壳、珍珠装饰的项链和手镯,面带着意味深长而又难以形容的微笑,对那位动作最敏捷的潜水员说:"去吧,去拿一枚我自己的贝壳来,我要把它作为礼物送给《贝类史》的编辑,他是一位热爱自然奇珍的人。"

---

[1] 特里同是古希腊神话中海之信使,海王波塞冬和海后安菲特里忒的儿子。

维纳斯随后同威廉·哈德斯福德来到天堂,威廉·哈德斯福德在那里与"令人尊敬的马丁·李斯特的鬼魂"交谈。马丁·李斯特正因为发现了一个巨大的海蛳螺的壳而兴奋异常。

作为关于马丁·李斯特研究的一部分,威廉·哈德斯福德希望在新版本的《贝类史》中增加马丁·李斯特的传记。1769年,威廉·哈德斯福写信给詹姆斯·格兰杰:"在你的作品中,你提到了你的熟人格雷戈里先生,他有李斯特家族的图片。我希望你能告诉他,我正在从事一项向马丁·李斯特博士致敬的工作……我这里有大量他关于科学研究的信件,是约翰·福瑟吉尔博士捐赠的。"作为回报,威廉·哈德斯福德将一些化石送给了詹姆斯·格兰杰的妻子,使其原本拥有的化石藏品"变得更加丰富"。随后,威廉·哈德斯福德向马丁·李斯特的后代以及他的母校剑桥大学圣约翰学院的院长提出了一系列问题。威廉·哈德斯福德后来对詹姆斯·格兰杰说:"我想,从我目前手上拥有的材料来看……我也许能在《贝类史》前面加上一些关于马丁·李斯特生平的内容。"

尽管威廉·哈德斯福德在40岁时英年早逝,且未能完成马丁·李斯特的传记,但是他的的确确在1770年出版了马丁·李斯特的《贝类史》的新版本。在出版这部作品的过程中,他使用了原版用过的铜版、马丁·李斯特的笔记以及马丁·李斯特向阿什莫林博物馆捐赠的记录。阿什莫林博物馆的管理员约翰·怀特塞德(约1679—1729)曾请求牛津大学允许他用原版用过的铜版印刷30份1685年版的《贝类史》,这也可能是为了满足一些学者的要求。但是,在威廉·哈德斯福德出版的《贝类史》新版本中,威廉·哈德斯福德不仅重复使用了这些铜版,他还提供了最新的索引并附上了马丁·李斯特做的旁注。在分类方面,威廉·哈德斯福德参考了知名的波特兰公爵夫人玛格丽特·本廷克(1715—1785)的贝壳藏品和著名的贝类学家约翰·莱特福特(1735—1788)

安娜·李斯特的速写本

李斯特家族的遗产

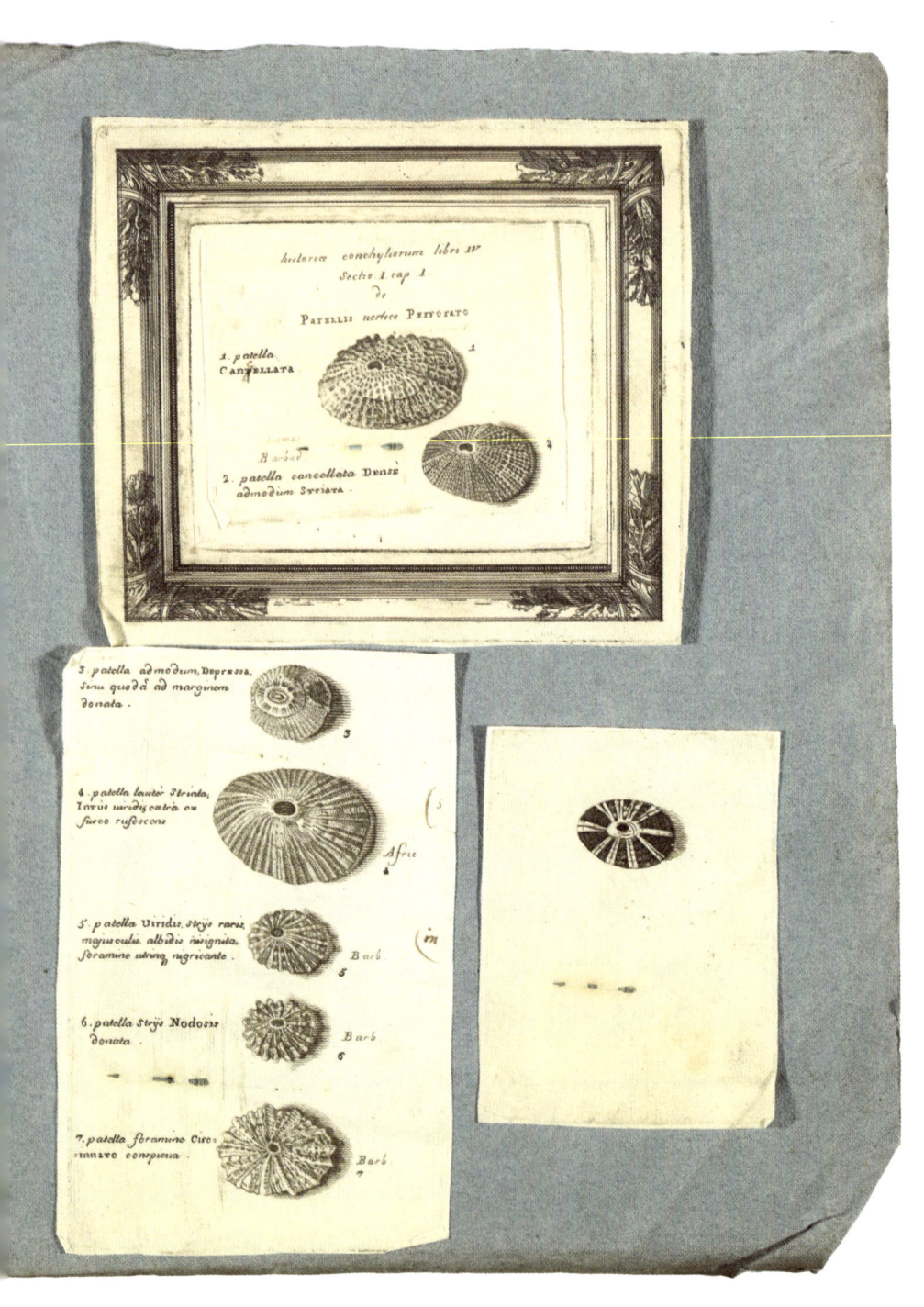

别在蓝色衬纸上的贝类素描

博物传奇
166

的专业知识，并取得了一定的成功。约翰·莱特福特在给威廉·哈德斯福德的信中指出：通过将波特兰公爵夫人的贝壳藏品与威廉·哈德斯福德在《贝类史》中加入的新索引以及林奈的新分类方法做比较，他发现威廉·哈德斯福德完成了一项需要花费大量时间且难度很大的工作，威廉·哈德斯福德编制的参考资料"非常准确"。

马丁·李斯特的工作记录

威廉·哈德斯福德留下的四箱马丁·李斯特的工作记录使我们进一步了解了《贝类史》的原始结构及出版信息，威廉·哈德斯福德对此也有着极大的兴趣。在前三个箱子里，有几堆印在白纸上的贝类版画草图，有些图画被别在蓝色或巧克力色的衬纸上。这种衬纸被用于近代早期的剪贴簿中，类似于安娜·李斯特的速写簿中用到的蓝色的纸，她画的草图被别在了蓝色的衬纸上。在马丁·李斯特《贝类史》的另一个草稿簿中，贝类素描也被别在同样的纸上面。威廉·库廷的藏品清单显示，他除了在1689年和1690年分别购买了马丁·李斯特的《论贝壳》和《贝类史》之外，还得到了马丁·李斯特别在蓝色纸张上面的贝类素描。这表明这些素描一直在收藏家之间流传。

别针是用黄铜制成的缝衣针，别针的表面镀了一层锡，这样别针就不会生锈了。这些物品展示了马丁·李斯特的女儿为《贝类史》绘制插图的时期英国的一些情况。缝衣针是那些买不起昂贵纽扣的人用来扣紧衣服的，但也被大量用于制作精美的高级服装。在1565年，英国女王伊丽莎白一世使用了10 000多枚不同种类的别针。马丁·李斯特的工作记录中显示，别针不仅被用来排列标本并对其进行分类，还被用于书籍排版。版画被钉在了各式各样带有装饰性边框的纸张上面。有些版画还被印在了马丁·李斯特的信件上，这些信件是在他家里或是在附近的印刷店里印刷的。箱子里版画上的水印与17世纪出版的《贝类史》《贝类史（第2版）》草稿图上的水印一样。苏珊娜·李斯特和安娜·李斯特在扉页以及书中的贝类标本图装饰的巴洛克式边框为印刷过程增加了一个步骤。盖·威尔金斯推测：各种不同尺寸和图案的边框被大量印刷，在印刷彩色插图的过程中被叠印，而且可以随意组合。当印刷最终版本的时候，由于纸张要两次经过滚压机，纸张表面有时会破裂，因此他们不得不在纸张背面贴条。

马丁·李斯特大量印刷《贝类史》，并将这些书送给他的朋友和博物学家，征求他们的意见。这些因素使得此书的版本史变得复杂。马丁·李斯特在获得新品种的贝类标本之后需要对它们进行重新分类，这意味着他要频繁地重新排列版画草图的顺序。为了便于调整草图的顺序，他用糨糊代替别针，他在各种草稿本中都用到了这个技巧，包括一本收藏于林奈学会图书馆中的草稿本。保存在博德利图书馆中的有关马丁·李斯特的工作记录，也使用了不同的编号系统来记录排列顺序：一些数字是打印并粘贴在版画草图上的，或者是直接刻在了铜版上的；同一幅图也被复制了几份，这样就便于被剪切、固定、粘贴和重新排列图片顺序，以适应新的分类方案。

苏珊娜·李斯特和安娜·李斯特绘制的版画往往是在对许多同类的不同个体的特征进行提炼后绘制的。盖·威尔金斯对汉斯·斯隆收藏的贝壳进行了研究，这使这些现存的标本与马丁·李斯特《贝类史》中的版画联系了起来。

安娜·李斯特和苏珊娜·李斯特会尽可能地根据对汉斯·斯隆收集到的物种成体和幼体标本的观察结果，以及有关物种的图像和文字描述绘制版画。她们这种绘制模式标本版画的做法与文艺复兴时期博物学家仅记录个体特征的做法截然不同。她们的设计意味着马丁·李斯特能够依据明确的标准对《贝类史》中的软体动物进行分类。这种做法与罗伯特·胡克为其著作《显微制图》绘制插图时用的方法类似，罗伯特·胡克基于几十次观察得到的不同的结果绘制插图。

在研究软体动物的过程中，马丁·李斯特和他的女儿们可以说预见到了比林奈提出的分类法更先进的分类方案。关于软体动物，他们用到了一些我们可以识别的特征，包括物种和自然种群杂交的生物学定义。比如在《动物史》中，马丁·李斯特指出：灰色的大蛞蝓和小蛞蝓是不同的物种，而不是同一物种的大小变种，每种蛞蝓只与自己的同类交配。

马丁·李斯特和他的女儿运用视觉证据为贝类创建了一个新的自然秩序，我们可以称之为"纸张技术"。他们这样做模糊了书面作品和手稿的定义。自18世纪50年代早期开始，林奈在工作中也用到了类似的方法，他将自己出版物中的内容交织在一起。这是文艺复兴时期学者们使用的一种方法，律师和史学家用这种方法来修改他们的著作。林奈在撰写他的分类学著作时对这种方法进行了完善。后来，林奈运用纸面上的信息对植物进行分类，并把纸面信息同植物标本相互对照。马丁·李斯特的参照点是贝类版画，而林奈的参照点是植物标本集。

在《贝类史》中一张带有注释的图片上，马丁·李斯特用深褐色墨水抄写了一句西塞罗[1]在《论题篇》中的名言："如何给事物命名是最高的智慧。"当他通过"文人共和国"收集到新的软体动物时，"纸张技术"使他能够对分类方案进行修改。例如，马丁·李斯特在这些版画上做了注释，说明了贝壳在色调、颜色上的细微差别，以及它们在性成熟时略显不同的图案，以区分我们所说的某一特定物种的杂交品种或变种。因为贝壳不仅是生物学上的标本，还是大自然创作的艺术品，所以对马丁·李斯特而言，视觉与文本是紧密关联的。

当第四箱马丁·李斯特的工作记录被打开时，人们发现里面不仅有很多被

---

[1] 西塞罗是古罗马著名政治家、演说家、法学家和哲学家。

被复制了几份的版画

对页：马丁·李斯特用过的两块铜版

钉在蓝色衬纸上的版画草稿，还有两块铜版（这些资料后来和马丁·李斯特的其他铜版放在了一起）。这两块铜版上的版画分别是《贝类史》中第494号标本插图（珍珠笋螂，一个双壳贝的化石标本，归博物学家约翰·伍德沃德所有）和第156号标本插图（天鹅贻贝，一种淡水双壳贝，这幅图也被用于马丁·李斯特的《动物史》的附录：图1，3号图）。这两块铜版被马丁·李斯特或者威廉·哈德斯福德用纸包了起来。箱子里还有两份威廉·哈德斯福德关于他再版《贝类史》的公告，分别为法语版和英语版。威廉·哈德斯福德一直在努力寻找不同版本的《贝类史》。他在声明中表示，他会非常感激任何愿意支持并允许他使用《贝类史》的人，他将谨慎使用并准时归还。他最后成功了，1769年，他向他的朋友约翰·洛夫迪表示："你要知道，我最近在伦敦花了将近一个月时间寻找马丁·李斯特的《贝类史》。我的努力没有白费，我找到了16本，其中很多本的品相很好……"

博物传奇
170

Prints from
Lister's Cat[

[Copper-plates in basement]

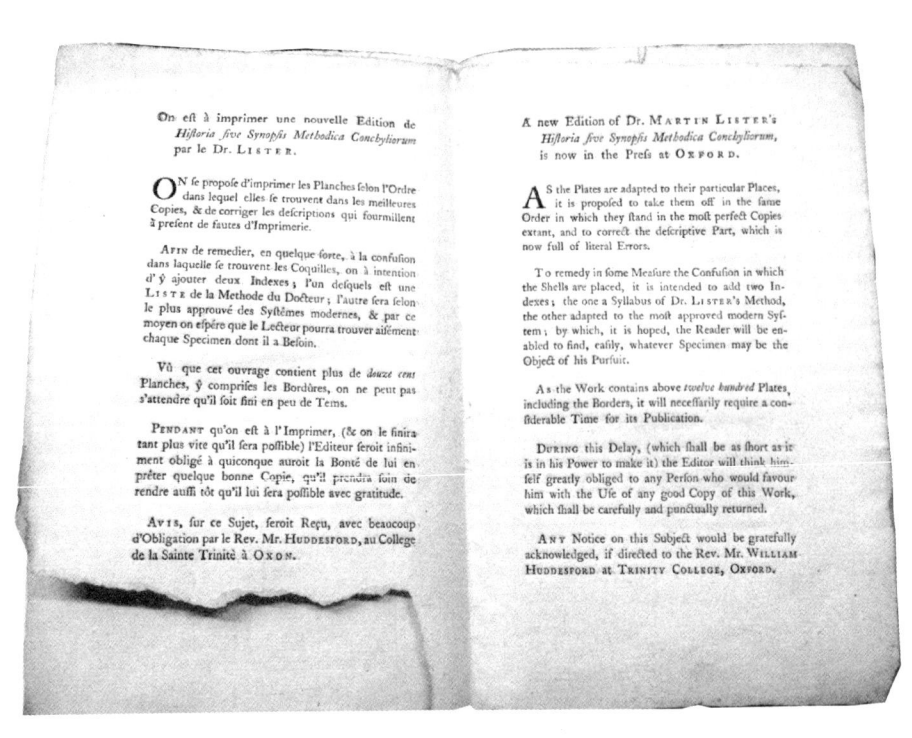

威廉·哈德斯福德发布的对马丁·李斯特《贝类史》进行再版的公告

　　威廉·哈德斯福德通过信件交流建立了广泛的关系网络，他以这种方式结交了几位朋友协助他完成《贝类史》的再版工作。剑桥大学圣约翰学院的乔治·阿什比牧师（1724—1808）允许威廉·哈德斯福德研究约翰·伍德沃德关于马丁·李斯特和化石的信件。詹姆斯·格兰杰为威廉·哈德斯福德和波特兰公爵夫人安排了一次会面，并将威廉·哈德斯福德介绍给公爵夫人。公爵夫人随后表示，她非常乐意并期待向威廉·哈德斯福德展示自己的贝壳藏品。正如前面所提到的，约翰·莱特福特通过这些藏品确认威廉·哈德斯福德系统分类的准确性。埃文努斯·哈默是一名来自丹麦的医学生，也是威廉·哈德斯福德在法国留学时认识的朋友，他将威廉·哈德斯福德发布的公告发给法国的博物学家，如索邦大学校长约瑟夫·玛丽·安妮·格罗斯·德·贝斯普拉斯

（1734—1783）和法国物理学家让-安托万·诺莱（1700—1770）。在朋友的帮助下，威廉·哈德斯福德于1770年出版了新版《贝类史》，并获得了巨大的成功。1771年，法国国王和西班牙国王收到了装帧精美的赠阅版《贝类史》。1772年，林奈也收到了赠阅版《贝类史》。马丁·李斯特的作品及其遗产在博物学领域占有重要的地位。

家族遗产

在17世纪的最后十年里，马丁·李斯特已经实现了他的许多职业目标。他的医疗事业蒸蒸日上，患者中有来自伦敦上流社会的重要人物，比如伍斯特主教爱德华·斯蒂灵弗利特，贝蒙特、卡伯里、金斯顿、蒙乔伊、斯特里克兰和萨内勋爵及他们的夫人。马丁·李斯特的侄女萨拉·丘吉尔和她的丈夫马尔巴罗公爵约翰·丘吉尔也在他的患者名单中。马丁·李斯特的患者还包括英国皇家学会会长威廉·布朗克勋爵和马丁·李斯特侄女弗朗西斯·塔尔博特的丈夫爱尔兰总督理查德·塔尔博特，他是蒂康内尔伯爵。英国皇家内科医学院也授予他荣誉，于1694年任命他成为审查员。马丁·李斯特一直到晚年，都在为英国皇家内科医学院审查年轻的申请人的情况。那时，他已基本完成他的《贝类史》，这部作品受到了广泛好评。

伴随着这本书的出版，马丁·李斯特还于1694年出版了一部关于贝类解剖结构的著作《贝类解剖实验》，《英国皇家学会哲学会刊》上发表的书评对这本书评价很高。这篇书评提到《贝类解剖实验》对蜗牛雌雄同体生殖系统的描述，以及书中根据物种的特征设计的既精确又奇特的插图。很显然，在那些岁月里，安娜·李斯特和苏珊娜·李斯特一直处于忙碌的工作状态。1692年，爱德华·卢维德写信给马丁·李斯特说道："我不奇怪你的女儿开始感到疲惫，因为你让她们持续工作了这么多年。"

1695年，马丁·李斯特的第一任妻子哈娜·李斯特于夏天去世了，她被安葬在位于伦敦西南的克拉珀姆教堂圣坛北墙附近。这座教堂于18世纪重建，她的墓碑也被移走了。现在，哈娜·李斯特的墓碑被重新安置在圣坛南墙附近，墓碑上的碑文为：哈娜·李斯特，我亲爱的妻子！逝世于1695年8月1日，你一直以来宠爱着六个孩子，现在却把泪眼婆娑的他们留在这世上。为了纪念哈娜·李斯特，马丁·李斯特坚持每年向克拉珀姆教区捐款5英镑：

> 2英镑是给牧师的，请他在每年8月1日（哈娜·李斯特的忌日）之后的第一个星期日举行纪念布道仪式。剩下的3英镑，在头一年给教区的两位老妇人买两件蓝色长袍；在第二年，平均分摊到五个星期日（哈娜·李斯特忌日的前两个星期日和后三个星期日），用于购买面包发给穷人，具体事宜由克拉珀姆教区的牧师和教会执事安排。

马丁·李斯特的女儿，特别是他的大女儿苏珊娜·李斯特在马丁·李斯特于1698年再婚前一直照顾马丁·李斯特。马丁·李斯特的第二任妻子是简·卡伦（1650—1736），她来自伦敦圣米尔德雷德。在马丁·李斯特的私人手写文件中有一份简·卡伦的家族的家谱，表明她来自一个佛兰德斯商人家庭，他们家族由于受到宗教迫害来到英国。简·卡伦是马丁·李斯特的律师理查德·卡伦的妹妹。理查德·卡伦负责管理马丁·李斯特的财产，确保在马丁·李斯特死后，简·卡伦能够得到2400英镑的遗产（相当于现在的380 000英镑）。简·卡伦是马丁·李斯特珍爱的伴侣，照料马丁·李斯特的身体，为他提供舒适的家庭生活。他们的许多信件都在讨论简·卡伦为他们在埃普索姆的房子置办的东西，比如郁金香球茎、窗帘、糖、茶，有的还附上了购物票据。

苏珊娜·李斯特后来嫁给了肯特郡赫恩的吉尔伯特·诺勒爵士（1663—1730），成了他的第三任妻子。他们有一个女儿，名为苏珊娜·诺勒（1708—

1768）。苏珊娜·诺勒在1730年嫁给了位于坎特伯雷市比克斯伯恩的一位牧师威廉·贝德福德（1702—1783）。

到目前为止，我没有查到关于安娜·李斯特的确切消息。到1695年，安娜·李斯特的兄弟姐妹中有两个去世了，所以当哈娜·李斯特的墓碑的碑文写着"六个哭泣的孩子"时，安娜·李斯特仍然在世。然而，当马丁·李斯特于1704年去世时，他没有在遗嘱中提到安娜·李斯特。这或许是因为安娜·李斯特结婚了，而且是在违背马丁·李斯特意愿的情况下结婚的。根据威斯敏斯特的圣马丁田野教区的记录，安娜·李斯特与约翰·布里斯托于1701年完婚。1712年，约翰·布里斯托和安娜·布里斯托的女儿伊丽莎白·布里斯托诞生了。安娜·李斯特是在马丁·李斯特位于威斯敏斯特旧宫院附近的住宅里长大的，因此地理位置是符合的。如果安娜·布里斯托就是马丁·李斯特的女儿安娜·李斯特，那么当她的女儿伊丽莎白·布里斯托出生时，她已经41岁了。苏珊娜·李斯特也很晚才成为母亲。

尽管马丁·李斯特的女儿们在历史中消失了，但是她们的作品并没有消失。在写于1694年5月16日的信中，托斯卡纳大公的私人医生约翰·普莱斯告诉马丁·李斯特："大公对你那本具有独创性且内容详尽的著作《贝类史》感到非常满意。我告诉他，里面的插图是你女儿绘制的，他对此感到十分惊讶。"约翰·普莱斯继续写道："我相信，他会把一瓶产自佛罗伦萨的葡萄酒当作礼物送给你。"对李斯特姐妹重要性的分析也是有意义的。这些资料表明，在明确物种的类型特征和将自然知识从一种媒介转移到另一种媒介、从一种物体转移到绘画再到图像印刷的过程中，人们运用了具体化的经验主义。《贝类史》的档案资料也见证了知识网络、女性工作、档案起源以及早期科学书籍出版的历史，并且说明了参考书目的重要作用。这些内容十分重要却往往并不外显。

马丁·李斯特和他的女儿们共同创作的《贝类史》为贝类学研究设立了一个新的标准。这本书被17世纪的分类学家广泛使用，包括探险家、植物学家和昆虫学家詹姆斯·佩蒂弗（1663—1718）、苏格兰医生和收藏家罗伯特·西巴尔德爵士（1641—1772）、大英图书馆创始人汉斯·斯隆、比利时人文主义者和博物学家卡洛勒斯·郎吉斯（1670—1741）、18世纪北安普敦郡的博物学家约翰·莫顿，还有林奈。当F. M. 马提尼和J. H. 钱尼茨在1769—1795年出版了《贝壳陈列柜》，且这本书成为该领域的经典书籍时，人们仍然认为编纂、出版马丁·李斯特的《贝类史》的索引是非常重要的，这种看法一直持续到了1823年。编辑评论说，马丁·李斯特的《贝类史》"被每一位出版过有关新近发现的贝类或贝类化石的博物学家长期且广泛引用"。

当马丁·李斯特于1713年逝世时，诗人埃尔卡纳·赛特（1648—1724）发表了一首悼亡诗《阿波利纳里斯的挽歌》。"阿波利纳里斯"可能指的是阿波罗，但鉴于马丁·李斯特对酿酒的兴趣，也可能是在幽默地指葡萄酒的守护神拉文纳的阿波利纳里斯。创作悼亡诗对埃尔卡纳·赛特这样的兼职作家来说是一种稳定的创收方式，其作品的特色是装饰着黑色的哀悼旗，并以镀金皮革装订，以代表逝者的家人和朋友对逝者的悼念。埃尔卡纳·赛特为了节省精力，在另外两首纪念约瑟夫·阿狄森（逝世于1719年）和威廉·考伯（逝世于1723年）的悼亡诗中使用了同样的标题。在马丁·李斯特的悼亡诗中，埃尔卡纳·赛特还引用了古罗马诗人尤维纳利斯的名言："死亡本身揭示了我们弱小身躯的真实维度。"虽然埃尔卡纳·赛特的悼亡诗的大部分内容是在赞美马丁·李斯特"最热爱的医学研究领域"和他成为安妮女王御医的职业成就，但是他也写到了马丁·李斯特在博物领域的研究：

> 他执起笔，面对着海神；
> 探索海洋的深度，描绘每一个在岸边闪闪发光的贝壳。
> 他的脚步不曾停歇，上天入地，
> 探寻自然的杰作，来一次遥远的追逐，

> 哪怕是最卑微的爬行动物。
>
> 即使是最不起眼的动物，他也能观察得到，
>
> 还有它们简陋的巢穴与不平凡的诞生。

更加简洁（也更幽默），与马丁·李斯特同时代的另外一位作家写道："岁月终于让他那活跃的大脑得以休息，并让他远离尖酸的讽刺和尖刻的玩笑。"

马丁·李斯特不会再因为研究蛞蝓、蜗牛和其他软体动物以及它们简陋的巢穴而被人嘲笑了，他现在是大大小小的生物悼念的英雄。与他同时代的人承认了他在博物知识和医学实践方面的杰出水平，这种认可在他死后延续了一个多世纪。

鉴于马丁·李斯特在两个领域的重大贡献，人们将对叶兰属（*Listera*）以他的姓（Lister）命名，这个属的花的唇瓣顶端有2深裂，这在某种意义上似乎是合适的。当然，也有一些软体动物以他的姓命名，如一种生活在菲律宾的小巧玲珑的陆生蜗牛李斯特碟坚螺。考虑到苏珊娜·李斯特和安娜·李斯特为该研究领域做出的贡献，也许我们应该把这个物种的名称改为李斯特女儿碟坚螺。

卵叶对叶兰（*Neottia ovata*），近200年来，人们一直以李斯特（Lister）的姓命名对叶兰属。后来，由于*Listera*被归入*Neottia*，故卵叶对叶兰的拉丁名相应调整。这幅素描是英国皇家学会会长和邱园主任约瑟夫·道尔顿·胡克（1817—1911）于1850年绘制的，为他于1854年在《英国皇家学会哲学会刊》上发表的《欧洲对叶兰蕊喙的功能与结构》的配图